동영상강의 www.pmg.co.kr

기출로 합격까지

송성호 기출문제

공인중개사법·중개실무 2차

박문각 공인중개사

브랜드만족 1위 박문각

2025

근거자료 별면표기

박문각 공인중개사

CONTENTS

이 책의 차례

박문각 공인중개사

공인중개사법령

Part

01 공인중개사법령

01 중개대상물

01 공인중개사법령상 중개대상물에 해당하는 것을 모두 고른 것은? (다툼이 있으면 판례에 따름) 제29회

㉠ 특정 동·호수에 대하여 수분양자가 선정된 장차 건축될 아파트
㉡ 「입목에 관한 법률」의 적용을 받지 않으나 명인방법을 갖춘 수목의 집단
㉢ 콘크리트 지반 위에 볼트조립방식으로 철체파이프 기둥을 세우고 3면에 천막을 설치하여 주벽이라고 할 만한 것이 없는 세차장 구조물
㉣ 토지거래허가구역 내의 토지

① ㉠ ② ㉠, ㉣ ③ ㉡, ㉢
④ ㉠, ㉡, ㉣ ⑤ ㉡, ㉢, ㉣

정답 ④

해설 ㉠ (○) 건축이 완료되지 않았더라도 동·호수가 특정되었다면 중개대상물에 해당한다.
㉡ (○) 명인방법을 갖춘 수목의 집단은 부동산이면서 독립성이 있으므로 중개대상물에 해당한다.
㉢ (×) 주벽이 없으니 건축물에 해당하지 않고, 볼트를 풀면 구조물이 쉽게 해체가 되므로 정착물에 해당하지 않는다. 영업시설일 뿐이므로 중개대상물에 해당하지 않는다.
㉣ (○) 개인 토지로서 사법상 거래가 가능하므로 중개대상물에 해당한다.

02 **공인중개사법령상 중개대상물에 해당하지 않는 것을 모두 고른 것은?** 제30회

㉠ 미채굴 광물　　㉡ 온천수
㉢ 금전채권　　㉣ 점유

① ㉠, ㉡　② ㉢, ㉣　③ ㉠, ㉡, ㉣
④ ㉡, ㉢, ㉣　⑤ ㉠, ㉡, ㉢, ㉣

정답 ⑤

해설 ㉠ (×) 미채굴의 광물은 國有니까 중개대상물이 될 수 없다.
㉡ (×) 온천수, 지하수 등은 법정 중개대상물에 해당하지 않는다.
㉢ (×) 금전채권은 법정 중개대상물에 해당하지 않는다.
㉣ (×) 점유, 점유권은 사실상 지배하면 생기니까 중개대상에 해당하지 않는다.

03 **공인중개사법령상 중개대상에 해당하는 것을 모두 고른 것은?** (다툼이 있으면 판례에 따름) 제31회

㉠ 「공장 및 광업재단 저당법」에 따른 공장재단
㉡ 영업용 건물의 영업시설·비품 등 유형물이나 거래처, 신용 등 무형의 재산적 가치
㉢ 가압류된 토지
㉣ 토지의 정착물인 미등기 건축물

① ㉠　② ㉠, ㉡　③ ㉠, ㉢, ㉣
④ ㉡, ㉢, ㉣　⑤ ㉠, ㉡, ㉢, ㉣

정답 ③

해설 ㉠ (○) 공장재단은 법정 중개대상물에 해당한다.
㉡ (×) 영업용 건물의 영업시설·비품 등 유형물이나 거래처, 신용 등 무형의 재산적 가치(= 권리금)는 중개대상물에 해당하지 않는다. 따라서 개업공인중개사는 권리금계약서를 작성할 수 없다.
㉢ (○) 가압류된 토지는 私有로서 중개대상물에 해당한다.
㉣ (○) 미등기 건축물은 私有로서 중개대상물에 해당한다.

04 공인중개사법령상 중개대상물에 해당하는 것은? (다툼이 있으면 판례에 따름) 제32회

① 토지에서 채굴되지 않은 광물
② 영업상 노하우 등 무형의 재산적 가치
③ 토지로부터 분리된 수목
④ 지목(地目)이 양어장인 토지
⑤ 주택이 철거될 경우 일정한 요건 하에 택지개발지구 내 이주자택지를 공급받을 수 있는 지위

정답 ④

해설 ① 토지에서 채굴되지 않은 광물(= 미채굴의 광물)은 國有니까 중개대상물에 해당하지 않는다.
② 영업상 노하우 등 무형의 재산적 가치(= 권리금)는 법정 중개대상물에 해당하지 않는다.
③ 토지로부터 분리된 수목은 부동산이 아니니까 중개대상물에 해당하지 않는다. 토지에 정착된 수목은 독립성이 없으므로 중개대상물에 해당하지 않는다.
⑤ 주택이 철거될 경우 일정한 요건 하에 택지개발지구 내 이주자택지를 공급받을 수 있는 지위(= 대토권)는 법정 중개대상물에 해당하지 않는다.

05 공인중개사법령상 중개대상물에 해당하는 것을 모두 고른 것은? (다툼이 있으면 판례에 따름) 제33회

㉠ 동·호수가 특정되어 분양계약이 체결된 아파트 분양권
㉡ 기둥과 지붕 그리고 주벽이 갖추어진 신축 중인 미등기 상태의 건물
㉢ 아파트 추첨기일에 신청하여 당첨되면 아파트의 분양예정자로 선정될 수 있는 지위인 입주권
㉣ 주택이 철거될 경우 일정한 요건 하에 택지개발지구 내에 이주자택지를 공급받을 지위인 대토권

① ㉠, ㉡ ② ㉡, ㉢ ③ ㉢, ㉣
④ ㉠, ㉡, ㉣ ⑤ ㉠, ㉡, ㉢, ㉣

정답 ①

해설 ㉢ (×) **분양예정자는 동·호수가 특정되지 않은 것**을 의미하므로 중개대상물에 해당하지 않는다.
㉣ (×) 대토권은 법정 중개대상물에 해당하지 않는다.

06 **공인중개사법령상 중개대상물에 해당하는 것을 모두 고른 것은?** (다툼이 있으면 판례에 따름) 제34회

㉠ 근저당권이 설정되어 있는 피담보채권
㉡ 아직 완성되기 전이지만 동·호수가 특정되어 분양계약이 체결된 아파트
㉢ 「입목에 관한 법률」에 따른 입목
㉣ 점포 위치에 따른 영업상의 이점 등 무형의 재산적 가치

① ㉠, ㉣ ② ㉡, ㉢ ③ ㉡, ㉣
④ ㉠, ㉡, ㉢ ⑤ ㉠, ㉢, ㉣

정답 ②

해설 ㉠ (×) 피담보채권은 법정 중개대상물에 해당하지 않는다. 그러나 근저당권은 중개의 대상인 권리에 해당한다.
㉣ (×) 점포 위치에 따른 영업상의 이점 등 무형의 재산적 가치(= 권리금)는 법정 중개대상물에 해당하지 않는다.

07 **개업공인중개사가 중개의뢰인에게 「입목에 관한 법률」상의 입목에 대해 설명한 내용으로 <u>틀린</u> 것은?** 제20회

① 토지소유권 또는 지상권의 처분의 효력은 입목에 미치지 아니한다.
② 입목을 목적으로 하는 저당권의 효력은 입목을 벌채한 경우에 그 토지로부터 분리된 수목에 대하여는 미치지 않는다.
③ 입목의 경매 기타 사유로 인하여 토지와 그 입목이 각각 다른 소유자에게 속하게 되는 경우에는 토지소유자는 입목소유자에 대하여 지상권을 설정한 것으로 본다.
④ 입목에 대한 등기에 관하여 이 법에 특별한 규정이 있는 경우를 제외하고는 부동산등기법을 준용한다.
⑤ 지상권자에게 속하는 입목이 저당권의 목적이 되어 있는 경우에는 지상권자는 저당권자의 승낙 없이 그 권리를 포기하거나 계약을 해지할 수 없다.

정답 ②

해설 입목을 목적으로 하는 저당권의 효력은 입목을 벌채한 경우에 그 토지로부터 분리된 수목에 대하여 미친다(입목이 담보물이기 때문에 저당권 효력이 미친다 ⇨ **<u>입목에 설정한 저당권의 효력</u>**).

02 용어의 정의

01 공인중개사법령상 용어와 관련된 설명으로 옳은 것은? (다툼이 있으면 판례에 따름)

제28회

① "공인중개사"에는 외국법에 따라 공인중개사 자격을 취득한 자도 포함된다.

② "중개업"은 다른 사람의 의뢰에 의하여 보수의 유무와 관계없이 중개를 업으로 행하는 것을 말한다.

③ 개업공인중개사인 법인의 사원으로서 중개업무를 수행하는 공인중개사는 "소속공인중개사"가 아니다.

④ "중개보조원"은 개업공인중개사에 소속된 공인중개사로서 개업공인중개사의 중개업무를 보조하는 자를 말한다.

⑤ 개업공인중개사의 행위가 손해배상책임을 발생시킬 수 있는 "중개행위"에 해당하는지는 객관적으로 보아 사회통념상 거래의 알선·중개를 위한 행위라고 인정되는지에 따라 판단해야 한다.

정답 ⑤

해설 ① 외국법에 따라 공인중개사 자격을 취득한 자는 공인중개사가 아니다.

② 무상이면 중개업이 될 수 없다(중개업은 보수가 요건이다).

③ 개업공인중개사인 법인의 사원으로서 중개업무를 수행하는 공인중개사도 "소속공인중개사"에 해당한다(이사급인 소속공인중개사).

④ "중개보조원"은 **공인중개사가 아닌 자**로서 개업공인중개사에 소속되어야 한다.

02 **공인중개사법령상 용어의 정의로 <u>틀린</u> 것은?** 제29회

① 개업공인중개사라 함은 공인중개사 자격을 가지고 중개를 업으로 하는 자를 말한다.
② 중개업이라 함은 다른 사람의 의뢰에 의하여 일정한 보수를 받고 중개를 업으로 행하는 것을 말한다.
③ 소속공인중개사라 함은 개업공인중개사에 소속된 공인중개사(개업공인중개사인 법인의 사원 또는 임원으로서 공인중개사인 자 포함)로서 중개업무를 수행하거나 개업공인중개사의 중개업무를 보조하는 자를 말한다.
④ 공인중개사라 함은 공인중개사 자격을 취득한 자를 말한다.
⑤ 중개라 함은 중개대상물에 대하여 거래당사자 간의 매매·교환·임대차 그 밖의 권리의 득실변경에 관한 행위를 알선하는 것을 말한다.

정답 ①
해설 개업공인중개사란 공인중개사법에 의하여 중개사무소의 개설등록을 한 자를 말한다.

03 **공인중개사법령에 관한 내용으로 <u>틀린</u> 것은?** (다툼이 있으면 판례에 따름) 제30회

① 개업공인중개사에 소속된 공인중개사로서 중개업무를 수행하거나 개업공인중개사의 중개업무를 보조하는 자는 소속공인중개사이다.
② 개업공인중개사인 법인의 사원으로서 중개업무를 수행하는 공인중개사는 소속공인중개사이다.
③ 무등록 중개업자에게 중개를 의뢰한 거래당사자는 무등록 중개업자의 중개행위에 대하여 무등록 중개업자와 공동정범으로 처벌된다.
④ 개업공인중개사는 다른 개업공인중개사의 중개보조원 또는 개업공인중개사인 법인의 사원·임원이 될 수 없다.
⑤ 거래당사자 간 지역권의 설정과 취득을 알선하는 행위는 중개에 해당한다.

정답 ③
해설 무등록 중개업자만 3년 – 3천으로 처벌되고, 중개의뢰를 한 거래당사자는 공동정범(=공범)으로 처벌되지 않는다.

04 공인중개사법령상 용어의 설명으로 틀린 것은? 제33회

① 중개는 중개대상물에 대하여 거래당사자 간의 매매·교환·임대차 그 밖의 권리의 득실변경에 관한 행위를 알선하는 것을 말한다.

② 개업공인중개사는 이 법에 의하여 중개사무소의 개설등록을 한 자를 말한다.

③ 중개업은 다른 사람의 의뢰에 의하여 일정한 보수를 받고 중개를 업으로 행하는 것을 말한다.

④ 개업공인중개사인 법인의 사원 또는 임원으로서 공인중개사인 자는 소속공인중개사에 해당하지 않는다.

⑤ 중개보조원은 공인중개사가 아닌 자로서 개업공인중개사에 소속되어 개업공인중개사의 중개업무와 관련된 단순한 업무를 보조하는 자를 말한다.

정답 ④

해설 임원 또는 사원으로서 공인중개사인 자는 이사급인 소속공인중개사에 해당한다(**소속공인중개사의 종류 : 고용인인 소속공인중개사, 이사급인 소속공인중개사**).

05 공인중개사법령상 용어에 관한 설명으로 옳은 것은? 제34회

① 중개대상물을 거래당사자 간에 교환하는 행위는 '중개'에 해당한다.

② 다른 사람의 의뢰에 의하여 중개를 하는 경우는 그에 대한 보수를 받지 않더라도 '중개업'에 해당한다.

③ 개업공인중개사인 법인의 임원으로서 공인중개사인 자가 중개업무를 수행하는 경우에는 '개업공인중개사'에 해당한다.

④ 공인중개사가 개업공인중개사에 소속되어 개업공인중개사의 중개업무와 관련된 단순한 업무를 보조하는 경우에는 '중개보조원'에 해당한다.

⑤ 공인중개사 자격을 취득한 자는 중개사무소의 개설등록 여부와 관계없이 '공인중개사'에 해당한다.

정답 ⑤

해설 ① 교환하는 것이 중개가 아니라 **교환을 알선하는 것이 중개**에 해당한다.

② 중개업은 보수가 요건이므로 보수를 받지 않으면 중개업에 해당하지 않는다.

③ 개업공인중개사인 법인의 임원으로서 공인중개사인 자가 중개업무를 수행하는 경우에는 이사급인 소속공인중개사에 해당하는 것이지, 개업공인중개사에 해당하지 않는다.

④ 중개보조원은 **공인중개사가 아닌 자**이다.

03 공인중개사

01 공인중개사법령상 공인중개사 자격시험 등에 관한 설명으로 옳은 것은? 제30회

① 국토교통부장관이 직접 시험을 시행하려는 경우에는 미리 공인중개사 정책심의위원회의 의결을 거치지 않아도 된다.

② 공인중개사자격증의 재교부를 신청하는 자는 재교부신청서를 국토교통부장관에게 제출해야 한다.

③ 국토교통부장관은 공인중개사시험의 합격자에게 공인중개사자격증을 교부해야 한다.

④ 시험시행기관장은 시험에서 부정한 행위를 한 응시자에 대하여는 그 시험을 무효로 하고, 그 처분이 있은 날부터 5년간 시험응시자격을 정지한다.

⑤ 시험시행기관장은 시험을 시행하고자 하는 때에는 시험 시행에 관한 개략적인 사항을 전년도 12월 31일까지 관보 및 일간신문에 공고해야 한다.

정답 ④

해설 ① 국토교통부장관이 직접 시험을 시행하려는 경우에는 미리 심의위원회의 의결을 거쳐야 한다.
② 자격증을 교부한 시・도지사에게 재교부신청을 해야 한다.
③ 자격증은 무조건 시・도지사가 교부한다.
⑤ 전년도 12월 31일까지 ⇨ **매년 2월 말일까지**

02 공인중개사법령상 공인중개사 등에 관한 설명으로 틀린 것은? 제31회

① 공인중개사의 자격이 취소된 후 3년이 지나지 아니한 자는 중개보조원이 될 수 없다.

② 공인중개사는 자기의 공인중개사자격증을 무상으로도 대여해서는 안 된다.

③ 자격정지처분을 받은 날부터 6개월이 지난 공인중개사는 법인인 개업공인중개사의 임원이 될 수 있다.

④ 다른 사람에게 자기의 성명을 사용하여 중개업무를 하게 한 경우에는 자격정지 처분사유에 해당한다.

⑤ 공인중개사가 아닌 자는 공인중개사 또는 이와 유사한 명칭을 사용하지 못한다.

정답 ④

해설 공인중개사가 다른 사람에게 자기의 성명을 사용하여 중개업무를 하게 한 경우 = 자격증 양도 또는 대여이므로 자격취소사유에 해당한다.

03 **공인중개사법령상 공인중개사자격증에 관한 설명으로 틀린 것은?** 제33회

① 시・도지사는 공인중개사자격 시험합격자의 결정・공고일부터 2개월 이내에 시험합격자에게 공인중개사자격증을 교부해야 한다.

② 공인중개사자격증의 재교부를 신청하는 자는 재교부신청서를 자격증을 교부한 시・도지사에게 제출해야 한다.

③ 공인중개사자격증의 재교부를 신청하는 자는 해당 지방자치단체의 조례로 정하는 바에 따라 수수료를 납부해야 한다.

④ 공인중개사는 유・무상 여부를 불문하고 자기의 공인중개사자격증을 양도해서는 아니 된다.

⑤ 공인중개사가 아닌 자로서 공인중개사 명칭을 사용한 자는 1년 이하의 징역 또는 1천만원 이하의 벌금에 처한다.

정답 ①

해설 시・도지사는 공인중개사자격 시험합격자의 결정・공고일부터 **1개월** 이내에 시험합격자에게 공인중개사자격증을 교부해야 한다.

04 **「공인중개사법」 제7조에서 규정하고 있는 '자격증 대여 등의 금지' 행위에 해당하는 것을 모두 고른 것은?** 제28회

㉠ 다른 사람의 공인중개사자격증을 양수하여 이를 사용하는 행위
㉡ 공인중개사가 다른 사람에게 자기의 공인중개사자격증을 양도하는 행위
㉢ 공인중개사가 다른 사람에게 자기의 공인중개사자격증을 대여하는 행위
㉣ 공인중개사가 다른 사람에게 자기의 성명을 사용하여 중개업무를 하게 하는 행위

① ㉠, ㉣ ② ㉡, ㉢ ③ ㉠, ㉡, ㉢
④ ㉡, ㉢, ㉣ ⑤ ㉠, ㉡, ㉢, ㉣

정답 ⑤

해설 ㉠ (○) 자격증 양수
㉡ (○) 자격증 양도
㉢ (○) 자격증 대여
㉣ (○) 공인중개사가 다른 사람에게 자기의 성명을 사용하여 중개업무를 하게 하는 행위 = 자격증 양도 또는 대여

05 **공인중개사법령상 "공인중개사 정책심의위원회"**(이하 '심의위원회'라 함)**에 관한 설명으로 틀린 것은?** 제30회

① 국토교통부에 심의위원회를 둘 수 있다.
② 심의위원회는 위원장 1명을 포함하여 7명 이상 11명 이내의 위원으로 구성한다.
③ 심의위원회의 위원이 해당 안건에 대하여 자문을 한 경우 심의위원회의 심의·의결에서 제척된다.
④ 심의위원회의 위원장이 부득이한 사유로 직무를 수행할 수 없을 때에는 부위원장이 그 직무를 대행한다.
⑤ 심의위원회의 회의는 재적위원 과반수의 출석으로 개의(開議)하고, 출석위원 과반수의 찬성으로 의결한다.

정답 ④
해설 심의위원회의 위원장이 부득이한 사유로 직무를 수행할 수 없을 때에는 위원장이 미리 지명한 위원이 그 직무를 대행한다(**심의위원회는 부위원장이 없다**).

06 **공인중개사법령상 공인중개사 정책심의위원회**(이하 '위원회'라 함)**에 관한 설명으로 옳은 것을 모두 고른 것은?** 제32회

ㄱ 위원회는 중개보수 변경에 관한 사항을 심의할 수 있다.
ㄴ 위원회는 위원장 1명을 포함하여 7명 이상 11명 이내의 위원으로 구성한다.
ㄷ 위원장은 국토교통부장관이 된다.
ㄹ 위원장이 부득이한 사유로 직무를 수행할 수 없을 때에는 위원 중에서 호선된 자가 그 직무를 대행한다.

① ㄱ, ㄴ ② ㄱ, ㄷ ③ ㄷ, ㄹ
④ ㄱ, ㄴ, ㄷ ⑤ ㄱ, ㄴ, ㄹ

정답 ①
해설 ㄷ (×) 위원장은 국토교통부 제1차관이 된다(당연직).
ㄹ (×) 위원장이 부득이한 사유로 직무를 수행할 수 없을 때에는 위원장이 미리 지명한 위원이 그 직무를 대행한다(**심의위원회는 부위원장이 없다**).

07 **공인중개사법령상 공인중개사 정책심의위원회**(이하 '위원회'라 함)**에 관한 설명으로 틀린 것은?** 제34회

① 위원은 위원장이 임명하거나 위촉한다.
② 심의사항에는 중개보수 변경에 관한 사항이 포함된다.
③ 위원회에서 심의한 사항 중 공인중개사의 자격취득에 관한 사항의 경우 시·도지사는 이에 따라야 한다.
④ 위원장 1명을 포함하여 7명 이상 11명 이내의 위원으로 구성한다.
⑤ 위원이 속한 법인이 해당 안건의 당사자의 대리인이었던 경우 그 위원은 위원회의 심의·의결에서 제척된다.

정답 ①
해설 **국토교통부장관이 위원을 임명하거나 위촉한다**.

08 **공인중개사법령상 공인중개사 정책심의위원회**(이하 "위원회"라 함)**에 관한 설명으로 옳은 것은?** 제35회

① 위원회는 국무총리 소속으로 한다.
② 손해배상책임의 보장에 관한 사항은 위원회의 심의사항에 해당하지 않는다.
③ 위원회 위원장은 위원이 제척사유에 해당하는 데에도 불구하고 회피하지 아니한 경우에는 해당 위원을 해촉할 수 있다.
④ 위원회에서 심의한 중개보수 변경에 관한 사항의 경우 시·도지사는 이에 따라야 한다.
⑤ 국토교통부장관이 직접 공인중개사자격시험을 시행하려는 경우에는 위원회의 의결을 미리 거쳐야 한다.

정답 ⑤
해설 ① 위원회는 국토교통부에 둘 수 있다(현재 국토교통부에 있다).
② 손해배상책임의 보장에 관한 사항은 위원회의 심의사항에 해당한다.
③ 국토교통부장관은 위원이 제척사유에 해당하는 데에도 불구하고 회피하지 아니한 경우에는 해당 위원을 해촉할 수 있다(**국토교통부장관이 위원을 위촉했으니까 국토교통부장관이 위원을 해촉할 수 있다**).
④ 위원회에서 심의한 공인중개사 시험 등 공인중개사의 자격취득에 관한 사항을 정하는 경우 시·도지사는 이에 따라야 한다(**시험 = 자격의 취득은 심의위원회가 우선한다**).

04 중개사무소의 개설등록

01 공인중개사법령상 법인이 중개사무소를 개설하려는 경우 그 등록기준으로 옳은 것은? (다른 법률에 따라 중개업을 할 수 있는 경우는 제외함) 제27회

① 건축물대장에 기재된 건물에 100m^2 이상의 중개사무소를 확보할 것
② 대표자, 임원 또는 사원 전원이 부동산거래사고 예방교육을 받았을 것
③ 「협동조합기본법」에 따른 사회적 협동조합인 경우 자본금이 5천만원 이상일 것
④ 「상법」상 회사인 경우 자본금이 5천만원 이상일 것
⑤ 대표자는 공인중개사이어야 하며, 대표자를 제외한 임원 또는 사원의 2분의 1 이상은 공인중개사일 것

정답 ④

해설 ① 중개사무소는 면적제한이 없다(**but 강의실은 50m^2 이상일 것**).
② 등록신청 전에 예방교육이 아니라 **실무교육**을 받아야 한다.
③ 사회적 협동조합은 제외한다.
⑤ 대표자 제외한 임원 또는 사원의 **3분의 1** 이상이 공인중개사일 것

02 공인중개사법령상 법인이 중개사무소를 등록 · 설치하려는 경우, 그 기준으로 틀린 것은? (다른 법률의 규정은 고려하지 않음) 제28회

① 분사무소 설치시 분사무소의 책임자가 분사무소 설치신고일 전 2년 이내에 직무교육을 받았을 것
② 「상법」상 회사는 자본금이 5천만원 이상일 것
③ 대표자를 제외한 임원 또는 사원(합명회사 또는 합자회사의 무한책임사원)의 3분의 1 이상이 공인중개사일 것
④ 법인이 중개업 및 겸업제한에 위배되지 않는 업무만을 영위할 목적으로 설립되었을 것
⑤ 대표자는 공인중개사일 것

정답 ①

해설 분사무소를 설치하는 경우 분사무소의 책임자는 분사무소 설치신고일 전 1년 이내에 실무교육을 받아야 한다.

03 **공인중개사법령상 중개사무소 개설등록에 관한 설명으로 틀린 것은?** (단, 다른 법률의 규정은 고려하지 않음) 제29회

① 법인은 주된 중개사무소를 두려는 지역을 관할하는 등록관청에 중개사무소 개설등록을 해야 한다.
② 대표자가 공인중개사가 아닌 법인은 중개사무소를 개설할 수 없다.
③ 법인의 임원 중 공인중개사가 아닌 자도 분사무소의 책임자가 될 수 있다.
④ 소속공인중개사는 중개사무소 개설등록을 신청할 수 없다.
⑤ 등록관청은 개설등록을 하고 등록신청을 받은 날부터 7일 이내에 등록신청인에게 서면으로 통지해야 한다.

정답 ③

해설 다른 법률의 규정은 고려하지 않으므로 중개법인이다. **중개법인의 분사무소책임자는 공인중개사이어야 한다.**

04 **공인중개사법령상 중개사무소의 개설등록에 관한 설명으로 옳은 것은?** (단, 다른 법률의 규정은 고려하지 않음) 제31회

① 합명회사가 개설등록을 하려면 사원 전원이 실무교육을 받아야 한다.
② 자본금이 1,000만원 이상인 「협동조합기본법」상 협동조합은 개설등록을 할 수 있다.
③ 합명회사가 개설등록을 하려면 대표자는 공인중개사이어야 하며, 대표자를 포함하여 임원 또는 사원의 3분의 1 이상이 공인중개사이어야 한다.
④ 법인 아닌 사단은 개설등록을 할 수 있다.
⑤ 개설등록을 하려면 소유권에 의하여 사무소의 사용권을 확보하여야 한다.

정답 ①

해설 ① (○) **임원 또는 사원(= 이사급)** 전원이 실무교육을 수료할 것
② (×) 되는 것은 자본금을 확인할 것 ⇨ 자본금 5천만원 이상, 따라서 협동조합도 자본금은 5천만원 이상이어야 한다.
③ (×) 대표자 포함 ⇨ 대표자 제외
④ (×) 법인 아닌 사단은 안 된다(**사단 난다**).
⑤ (×) 소유 · 전세 · 임대차 · 사용대차 등에 의하여 사용권을 확보할 것

05 **공인중개사법령상 법인이 중개사무소를 개설하려는 경우 개설등록 기준에 부합하는 것을 모두 고른 것은?** (단, 다른 법률의 규정은 고려하지 않음) 제33회

> ㉠ 대표자가 공인중개사이다.
> ㉡ 건축물대장(「건축법」에 따른 가설건축물대장은 제외)에 기재된 건물에 전세로 중개사무소를 확보하였다.
> ㉢ 중개사무소를 개설하려는 법인이 자본금 5천만원 이상인 「협동조합 기본법」상 사회적 협동조합이다.

① ㉠ ② ㉢ ③ ㉠, ㉡
④ ㉡, ㉢ ⑤ ㉠, ㉡, ㉢

정답 ③

해설 ㉠ (○) 중개법인의 대표자는 공인중개사이어야 한다.
㉡ (○) 가설건축물은 안 되고, 전세는 사용권이 될 수 있다.
㉢ (×) 사회적 협동조합은 안 된다. 안 되는 것은 자본금을 확인할 필요 없이 바로 안 된다.

06 **공인중개사법령상 법인의 중개사무소 개설등록의 기준으로 <u>틀린</u> 것은?** (단, 다른 법령의 규정은 고려하지 않음) 제34회

① 대표자는 공인중개사일 것
② 대표자를 포함한 임원 또는 사원(합명회사 또는 합자회사의 무한책임사원을 말함)의 3분의 1 이상은 공인중개사일 것
③ 「상법」상 회사인 경우 자본금은 5천만원 이상일 것
④ 대표자, 임원 또는 사원(합명회사 또는 합자회사의 무한책임사원을 말함) 전원이 실무교육을 받았을 것
⑤ 분사무소를 설치하려는 경우 분사무소의 책임자가 실무교육을 받았을 것

정답 ②

해설 대표자를 **<u>제외</u>**한 임원 또는 사원(합명회사 또는 합자회사의 무한책임사원을 말함)의 3분의 1 이상은 공인중개사일 것

07 **공인중개사법령상 중개사무소의 개설등록을 위한 제출 서류에 관한 설명으로 틀린 것은?** 제34회

① 공인중개사자격증 사본을 제출하여야 한다.

② 사용승인을 받았으나 건축물대장에 기재되지 아니한 건물에 중개사무소를 확보하였을 경우에는 건축물대장 기재가 지연되는 사유를 적은 서류를 제출하여야 한다.

③ 여권용 사진을 제출하여야 한다.

④ 실무교육을 위탁받은 기관이 실무교육 수료 여부를 등록관청이 전자적으로 확인할 수 있도록 조치한 경우에는 실무교육의 수료확인증 사본을 제출하지 않아도 된다.

⑤ 외국에 주된 영업소를 둔 법인의 경우에는 「상법」상 외국회사 규정에 따른 영업소의 등기를 증명할 수 있는 서류를 제출하여야 한다.

정답 ①

해설 등록신청 시, 분사무소설치신고 시, 소속공인중개사 고용신고 시 자격증 사본을 제출하지 않는다(**등록관청을 찾아 간 경우라서 자격증 사본을 제출하지 않는다**). 그러나 거래정보사업자 지정신청 시(국토교통부장관)와 매수시청대리인 등록신청 시(법원)에는 자격증 사본을 제출해야 한다.

08 **공인중개사법령상 중개사무소의 개설등록에 관한 설명으로 틀린 것은?** 제35회

① 금고 이상의 형의 집행유예를 받고 그 유예기간이 만료된 날부터 2년이 지나지 아니한 자는 개설등록을 할 수 없다.

② 공인중개사협회는 매월 중개사무소의 등록에 관한 사항을 중개사무소등록 · 행정처분등통지서에 기재하여 다음 달 10일까지 시 · 도지사에게 통보하여야 한다.

③ 외국에 주된 영업소를 둔 법인의 경우에는 「상법」상 외국회사 규정에 따른 영업소의 등기를 증명할 수 있는 서류를 제출하여야 한다.

④ 개설등록의 신청을 받은 등록관청은 개업공인중개사의 종별에 따라 구분하여 개설등록을 하고, 개설등록 신청을 받은 날부터 7일 이내에 등록신청인에게 서면으로 통지하여야 한다.

⑤ 공인중개사인 개업공인중개사가 법인인 개업공인중개사로 업무를 하고자 개설등록신청서를 다시 제출하는 경우 종전의 등록증은 이를 반납하여야 한다.

정답 ②

해설 등록관청이 매월 중개사무소의 등록에 관한 사항을 중개사무소등록 · 행정처분등통지서에 기재하여 다음 달 10일까지 공인중개사협회에게 통보하여야 한다.

09 공인중개사법령상 소속공인중개사를 둔 개업공인중개사가 중개사무소 안의 보기 쉬운 곳에 게시하여야 하는 것을 모두 고른 것? 제35회

ㄱ 소속공인중개사의 공인중개사자격증 원본
ㄴ 보증의 설정을 증명할 수 있는 서류
ㄷ 소속공인중개사의 고용신고서
ㄹ 개업공인중개사의 실무교육 수료확인증

① ㄱ, ㄴ ② ㄱ, ㄹ ③ ㄴ, ㄷ
④ ㄷ, ㄹ ⑤ ㄱ, ㄴ, ㄹ

정답 ①

해설 ㉠ (○) 소속공인중개사의 공인중개사자격증 원본을 게시해야 한다.
㉡ (○) 보증의 설정을 증명할 수 있는 서류를 게시해야 한다.
㉢ (×) 소속공인중개사의 고용신고서는 고용신고를 할 때 이미 제출했기 때문에 게시할 수 없다.
㉣ (×) 개업공인중개사의 실무교육 수료확인증은 게시의무가 없다.

10 **공인중개사법령상 이중등록 및 이중소속의 금지에 관한 설명으로 옳은 것을 모두 고른 것은?** 제27회

㉠ A군에서 중개사무소개설등록을 하여 중개업을 하고 있는 자가 다시 A군에서 개설등록을 한 경우, 이중등록에 해당한다.
㉡ B군에서 중개사무소개설등록을 하여 중개업을 하고 있는 자가 다시 C군에서 개설등록을 한 경우, 이중등록에 해당한다.
㉢ 개업공인중개사 甲에게 고용되어 있는 중개보조원은 개업공인중개사인 법인 乙의 사원이 될 수 없다.
㉣ 이중소속의 금지에 위반한 경우 1년 이하의 징역 또는 1천만원 이하의 벌금형에 처한다.

① ㉠, ㉡　② ㉢, ㉣　③ ㉠, ㉡, ㉢
④ ㉡, ㉢, ㉣　⑤ ㉠, ㉡, ㉢, ㉣

정답 ⑤

해설 ㉠ (○) 동일 등록관청 관할구역 안에서 두 번 등록하면 이중등록이다.
㉡ (○) 등록관청을 달리하더라도 두 번 등록하면 이중등록이다.
㉢ (○) 중개보조원에게도 이중소속은 적용된다. 따라서 중개보조원도 다른 중개사무소에 취업할 수 없다.
㉣ (○) 이중등록과 이중소속은 모두 1년 − 1천이다.

11 **공인중개사법령상 공인중개사 자격증이나 중개사무소등록증의 교부에 관한 설명으로 <u>틀린</u> 것은?** 제26회

① 자격증 및 등록증의 교부는 국토교통부령이 정하는 바에 따른다.
② 등록증은 중개사무소를 두려는 지역을 관할하는 시장(구가 설치되지 아니한 시의 시장과 특별자치도 행정시의 시장을 말함)·군수 또는 구청장이 교부한다.
③ 자격증 및 등록증을 잃어버리거나 못 쓰게 된 경우에는 시·도지사에게 재교부를 신청한다.
④ 등록증을 교부한 관청은 그 사실을 공인중개사협회에 통보해야 한다.
⑤ 자격증의 재교부를 신청하는 자는 해당 지방자치단체의 조례가 정하는 바에 따라 수수료를 납부해야 한다.

정답 ③

해설 자격증 재교부신청은 자격증을 교부한 시・도지사에게, 등록증 재교부신청은 등록관청에게 한다.

12 공인중개사법령상 중개사무소의 개설등록 및 등록증 교부에 관한 설명으로 옳은 것은? 제28회

① 소속공인중개사는 중개사무소의 개설등록을 신청할 수 있다.

② 등록관청은 중개사무소등록증을 교부하기 전에 개설등록을 한 자가 손해배상책임을 보장하기 위한 조치(보증)를 하였는지 여부를 확인해야 한다.

③ 국토교통부장관은 중개사무소의 개설등록을 한 자에 대하여 국토교통부령이 정하는 바에 따라 중개사무소등록증을 교부해야 한다.

④ 중개사무소의 개설등록신청서에는 신청인의 여권용 사진을 첨부하지 않아도 된다.

⑤ 중개사무소의 개설등록을 한 개업공인중개사가 종별을 달리하여 업무를 하고자 등록신청서를 다시 제출하는 경우, 종전의 등록증은 반납하지 않아도 된다.

정답 ②

해설 ① 소속공인중개사는 중개사무소의 개설등록을 신청할 수 없다.

③ **등록증은 등록관청이 교부**한다.

④ 등록증에 붙여야 하니까 신청인의 여권용 사진을 첨부해야 한다.

⑤ 종별변경시 **종전의 등록증은 반납**해야 한다.

05 등록의 결격사유

01 2015년 10월 23일 현재 공인중개사법령상 중개사무소 개설등록 결격사유에 해당하는 자는? (주어진 조건만 고려함) 제26회

① 형의 선고유예 기간 중에 있는 자
② 2009년 4월 15일 파산선고를 받고 2015년 4월 15일 복권된 자
③ 「도로교통법」을 위반하여 2012년 11월 15일 벌금 500만원을 선고받은 자
④ 거짓으로 중개사무소의 개설등록을 하여 2012년 11월 15일 개설등록이 취소된 자
⑤ 2015년 4월 15일 공인중개사 자격의 정지처분을 받은 자

정답 ④

해설 ④ (○) 거짓으로 중개사무소의 개설등록을 하여 2012년 11월 15일 개설등록이 취소된 자는 3년이 지나야 등록의 결격사유에서 벗어난다(**사.기.결이 아니니까 등록취소일에 + 3년을 한다**). 즉 2015년 11월 15일부터 등록의 결격사유에서 벗어난다.
① (×) 선고유예는 등록의 결격사유가 아니다.
② (×) 파산자는 복권되면 즉시 등록의 결격사유에서 벗어난다.
③ (×) 다른 법 위반의 벌금형 선고는 등록의 결격사유가 아니다.
⑤ (×) 자격정지기간은 최장 6개월이다. 6개월이 지나면 등록의 결격사유가 아니다.

02 공인중개사법령상 甲이 중개사무소의 개설등록을 할 수 있는 경우에 해당하는 것은? 제28회

① 甲이 부정한 방법으로 공인중개사의 자격을 취득하여 그 자격이 취소된 후 2년이 지나지 않은 경우
② 甲이 「도로교통법」을 위반하여 금고 이상의 실형을 선고받고 그 집행이 종료된 날부터 3년이 지나지 않은 경우
③ 甲이 등록하지 않은 인장을 사용하여 공인중개사의 자격이 정지되고 그 자격정지기간 중에 있는 경우
④ 甲이 대표자로 있는 개업공인중개사인 법인이 해산하여 그 등록이 취소된 후 3년이 지나지 않은 경우
⑤ 甲이 중개대상물확인·설명서를 교부하지 않아 업무정지처분을 받고, 폐업신고를 한 후 그 업무정지기간이 지나지 않은 경우

정답 ④

해설 해산을 이유로 등록이 취소된 경우 3년간 등록의 결격사유에 해당하지 않는다(**사.기.결이니까 등록취소일에 + 3년을 하지 않는다**).

03 **공인중개사법령상 중개사무소 개설등록의 결격사유에 해당하는 자를 모두 고른 것은?** 제29회

㉠ 피특정후견인
㉡ 형의 선고유예를 받고 3년이 지나지 아니한 자
㉢ 금고 이상의 형의 집행유예를 받고 그 유예기간이 만료된 날부터 2년이 지나지 아니한 자
㉣ 공인중개사자격증을 대여하여 그 자격이 취소된 후 3년이 지나지 아니한 자

① ㉠, ㉡ ② ㉠, ㉢ ③ ㉡, ㉢
④ ㉡, ㉣ ⑤ ㉢, ㉣

정답 ⑤

해설 ㉠ (×) 피성년후견인 또는 피한정후견인은 등록의 결격사유에 해당한다. 그러나 피특정후견인은 등록의 결격사유에 해당하지 않는다.
㉡ (×) 집행유예는 결격사유에 해당하지만, 선고유예, 기소유예는 결격사유에 해당하지 않는다.
㉢ (○) 집행유예는 **집행유예기간 + 2년간** 등록의 결격사유에 해당한다. 예를 들어 징역 1년에 집행유예 2년을 받은 경우 4년간 등록의 결격사유에 해당한다.
㉣ (○) 자격취소 + 3년간 응시 결격사유에도 해당하고, 등록의 결격사유에도 해당한다.

04 **공인중개사법령상 중개사무소 개설등록의 결격사유에 해당하지 않는 자는?** 제30회

① 공인중개사법을 위반하여 200만원의 벌금형의 선고를 받고 3년이 지나지 아니한 자
② 금고 이상의 실형의 선고를 받고 그 집행이 종료되거나 집행이 면제된 날부터 3년이 지나지 아니한 자
③ 공인중개사의 자격이 취소된 후 3년이 지나지 아니한 자
④ 업무정지처분을 받은 개업공인중개사인 법인의 업무정지의 사유가 발생한 당시의 사원 또는 임원이었던 자로서 해당 개업공인중개사에 대한 업무정지기간이 지나지 아니한 자
⑤ 공인중개사의 자격이 정지된 자로서 자격정지기간 중에 있는 자

정답 ①

해설 ① (×) 공인중개사법을 위반하여 **300만원 이상**의 벌금형의 선고를 받고 3년이 지나지 아니한 자가 등록의 결격사유에 해당한다.
④ (○) **업무정지사유 발생 당시에 있던 임원 또는 사원**이었던 자가 업무정지기간 동안 등록의 결격사유에 해당한다(업무정지처분 당시 ×, 고용인 ×).

05 **공인중개사법령상 중개사무소 개설등록의 결격사유를 모두 고른 것은?** 제31회

㉠ 파산선고를 받고 복권되지 아니한 자
㉡ 피특정후견인
㉢ 공인중개사 자격이 취소된 후 3년이 지나지 아니한 임원이 있는 법인
㉣ 개업공인중개사인 법인의 해산으로 중개사무소 개설등록이 취소된 후 3년이 지나지 않은 경우 그 법인의 대표이었던 자

① ㉠ ② ㉠, ㉢ ③ ㉡, ㉢
④ ㉡, ㉣ ⑤ ㉠, ㉢, ㉣

정답 ②

해설 ㉠ (○) 파산선고를 받고 복권되지 아니한 자는 등록의 결격사유에 해당한다.
㉡ (×) 피특정후견인은 등록의 결격사유가 아니다.
㉢ (○) 자격취소 + 3년간 등록의 결격사유이고, **등록의 결격사유자가 임원 또는 사원으로 있는 법인도 등록의 결격사유에 해당한다.**
㉣ (×) 법인의 해산을 이유로 등록취소는 등록취소일에 + 3년을 하지 않는다. 따라서 3년간 등록의 결격사유가 아니다.

06 **공인중개사법령상 중개사무소 개설등록에 관한 설명으로 옳은 것을 모두 고른 것은?** 제32회

㉠ 피특정후견인은 중개사무소의 등록을 할 수 없다.
㉡ 금고 이상의 형의 집행유예를 받고 그 유예기간 중에 있는 자는 중개사무소의 등록을 할 수 없다.
㉢ 자본금이 5천만원 이상인 「협동조합 기본법」상 사회적 협동조합은 중개사무소의 등록을 할 수 있다.

① ㉠ ② ㉡ ③ ㉠, ㉡
④ ㉠, ㉢ ⑤ ㉡, ㉢

정답 ②

해설 ㉠ (×) 피특정후견인은 등록의 결격사유가 아니므로 중개사무소의 등록을 할 수 있다.
㉡ (○) **집행유예기간 + 2년간 등록의 결격사유**이므로 유예기간 동안도 등록의 결격사유이다. 따라서 중개사무소의 등록을 할 수 없다.
㉢ (×) 사회적 협동조합은 중개사무소의 등록을 할 수 없다.

07 **공인중개사법령상 중개사무소 개설등록의 결격사유가 있는 자를 모두 고른 것은?** 제33회 수정

㉠ 금고 이상의 실형의 선고를 받고 그 집행이 면제된 날부터 2년이 된 자
㉡ 공인중개사법을 위반하여 200만원의 벌금형의 선고를 받고 2년이 된 자
㉢ 사원 중 금고 이상의 형의 집행유예를 받고 그 유예기간이 만료된 후 2년이 지나지 아니한 자가 있는 법인

① ㉠ ② ㉡ ③ ㉠, ㉢
④ ㉡, ㉢ ⑤ ㉠, ㉡, ㉢

정답 ③

해설 ㉠ (○) 집행종료 + 3년간 또는 집행면제 + 3년간 등록의 결격사유이다.
㉡ (×) 공인중개사법 위반 **300만원 이상** 벌금형 선고 + 3년간 등록의 결격사유이다.
㉢ (○) **집행유예기간 + 2년**간 등록의 결격사유이다.

06 업무범위

01 **공인중개사법령상 법인인 개업공인중개사가 겸업할 수 있는 업무를 모두 고른 것은?** (단, 다른 법률의 규정은 고려하지 않음) 제29회

㉠ 주택의 임대관리 및 부동산의 임대업
㉡ 부동산의 이용·개발에 관한 상담
㉢ 중개의뢰인의 의뢰에 따른 주거이전에 부수되는 용역의 제공
㉣ 상업용 건축물의 분양대행
㉤ 「국세징수법」에 의한 공매대상 부동산에 대한 입찰신청의 대리

① ㉠, ㉡ ② ㉢, ㉣ ③ ㉠, ㉢, ㉤
④ ㉡, ㉢, ㉣ ⑤ ㉡, ㉣, ㉤

정답 ⑤

해설 ㉠ (×) 임대관리는 할 수 있지만, **임대업은 못 한다.**
㉢ (×) 중개의뢰인의 의뢰에 따른 주거이전에 부수되는 **용역의 알선을 할 수 있지만, 용역의 제공은 할 수 없다.**

02 **공인중개사법령상 법인인 개업공인중개사가 겸업할 수 있는 것을 모두 고른 것은?** (단, 다른 법률의 규정은 고려하지 않음) 제30회

㉠ 상업용 건축물 및 주택의 분양대행
㉡ 부동산의 이용·개발 및 거래에 관한 상담
㉢ 개업공인중개사를 대상으로 한 중개업의 경영기법 및 경영정보의 제공
㉣ 중개의뢰인의 의뢰에 따른 도배·이사업체의 소개 등 주거이전에 부수되는 용역의 알선

① ㉠, ㉡ ② ㉠, ㉢ ③ ㉠, ㉢, ㉣
④ ㉡, ㉢, ㉣ ⑤ ㉠, ㉡, ㉢, ㉣

정답 ⑤

해설 모두 다 할 수 있다.

03 **공인중개사법령상 법인인 개업공인중개사가 겸업할 수 있는 것을 모두 고른 것은?** (단, 다른 법률의 규정은 고려하지 않음) 제31회

> ㉠ 주택용지의 분양대행
> ㉡ 주상복합 건물의 분양 및 관리의 대행
> ㉢ 부동산의 거래에 관한 상담 및 금융의 알선
> ㉣ 「국세징수법」상 공매대상 동산에 대한 입찰신청의 대리
> ㉤ 법인인 개업공인중개사를 대상으로 한 중개업의 경영기법 제공

① ㉠, ㉡　　② ㉡, ㉤　　③ ㉢, ㉣
④ ㉠, ㉡, ㉤　　⑤ ㉡, ㉢, ㉣, ㉤

정답 ②

해설 ㉠ (×) 주택용지는 토지니까 분양대행할 수 없다.
㉡ (○) **분양대행 및 관리대행**이니까 할 수 있다.
㉢ (×) 금융의 알선은 할 수 없다.
㉣ (×) 공매대상 동산 ⇨ 공매대상 **부동산**
㉤ (○) 법인인 개업공인중개사도 개업공인중개사니까 법인인 개업공인중개사를 대상으로 한 중개업의 경영기법 제공을 할 수 있다.

04 **공인중개사법령상 법인인 개업공인중개사의 업무범위에 해당하지 않는 것은?** (단, 다른 법령의 규정은 고려하지 않음) 제32회

① 주택의 임대관리
② 부동산 개발에 관한 상담 및 주택의 분양대행
③ 개업공인중개사를 대상으로 한 공제업무의 대행
④ 「국세징수법」상 공매대상 부동산에 대한 취득의 알선
⑤ 중개의뢰인의 의뢰에 따른 이사업체의 소개

정답 ③

해설 개업공인중개사를 대상으로 한 중개업의 경영기법 제공을 할 수 있는 것이지, 공제업무의 대행은 할 수 없다.

05 **공인중개사법령상 법인인 개업공인중개사가 중개업과 함께 할 수 없는 업무는? (단, 다른 법률의 규정은 고려하지 않음)** 제35회

① 주택의 임대업
② 상업용 건축물의 분양대행
③ 부동산의 이용·개발 및 거래에 관한 상담
④ 중개의뢰인의 의뢰에 따른 도배·이사업체의 소개
⑤ 개업공인중개사를 대상으로 한 중개업의 경영기법 및 경영정보의 제공

정답 ①
해설 법인인 개업공인중개사는 임대업과 관리업을 할 수 없다. 그러나 임대관리 등 관리대행을 할 수 있다.

06 **공인중개사법령상 법인인 개업공인중개사의 업무범위에 관한 설명으로 옳은 것은? (다른 법률에 의해 중개업을 할 수 있는 경우는 제외함)** 제25회

① 토지의 분양대행을 할 수 있다.
② 중개업에 부수되는 도배 및 이사업체를 운영할 수 있다.
③ 상업용 건축물의 분양대행을 할 수 없다.
④ 겸업제한 규정을 위반한 경우, 등록관청은 중개사무소개설등록을 취소할 수 있다.
⑤ 대법원규칙이 정하는 요건을 갖춘 경우, 법원에 등록하지 않고 경매대상 부동산의 매수신청 대리를 할 수 있다.

정답 ④
해설 ① 토지의 분양대행을 할 수 없다.
② 중개업에 부수되는 도배 및 이사업체의 소개를 할 수 있는 것이지, 직접 운영은 할 수 없다.
③ 상업용 건축물의 분양대행을 할 수 있다.
⑤ 경매대상 부동산의 매수신청 대리는 법원에 등록을 하고 해야 한다.

07 공인중개사법령상 개업공인중개사가 다음의 행위를 하기 위하여 법원에 등록해야 하는 것을 모두 고른 것은? (단, 법 제7638호 부칙 제6조 제2항은 고려하지 않음)

제35회

㉠ 「민사집행법」에 의한 경매대상 부동산의 매수신청의 대리
㉡ 「국세징수법」에 의한 공매대상 부동산의 입찰신청의 대리
㉢ 중개행위에 사용할 인장의 변경
㉣ 중개행위로 인한 손해배상책임을 보장하기 위한 보증보험의 가입

① ㉠　　② ㉠, ㉡　　③ ㉡, ㉣
④ ㉠, ㉡, ㉢　　⑤ ㉠, ㉢, ㉣

정답 ①

해설 ㉠ (○) 「민사집행법」에 의한 **경매**대상 부동산의 매수신청의 **대리** ⇨ 이 경우만 법원에 등록을 해야 한다.
㉡ (×) 「국세징수법」에 의한 공매대상은 등록이 불필요하다.
㉢ (×) 중개행위에 사용할 인장의 변경은 등록관청에 하는 것이다.
㉣ (×) 중개행위로 인한 손해배상책임을 보장하기 위한 보증보험의 가입은 보증보험회사에 가입하는 것이다.

07 고용인

01 공인중개사법령상 개업공인중개사의 고용인에 관한 설명으로 <u>틀린</u> 것은? (다툼이 있으면 판례에 따름) 제30회

① 중개보조원의 업무상 행위는 그를 고용한 개업공인중개사의 행위로 본다.
② 개업공인중개사는 중개보조원과의 고용관계가 종료된 때에는 고용관계가 종료된 날부터 14일 이내에 등록관청에 신고하여야 한다.
③ 중개보조원이 중개업무와 관련된 행위를 함에 있어서 과실로 거래당사자에게 손해를 입힌 경우, 그를 고용한 개업공인중개사뿐만 아니라 중개보조원도 손해배상책임이 있다.
④ 개업공인중개사가 소속공인중개사를 고용한 경우에는 개업공인중개사 및 소속공인중개사의 공인중개사자격증 원본을 중개사무소에 게시하여야 한다.
⑤ 중개보조원의 고용신고는 전자문서에 의해서도 할 수 있다.

정답 ②

해설 개업공인중개사는 중개보조원과의 고용관계가 종료된 때에는 고용관계가 종료된 날부터 **<u>10일 이내에</u>** 등록관청에 신고하여야 한다.

02 개업공인중개사 甲은 소속공인중개사 乙과 중개보조원 丙을 고용하고자 한다. 공인중개사법령상 이에 관한 설명으로 옳은 것을 모두 고른 것은? 제31회

㉠ 丙은 외국인이어도 된다.
㉡ 乙에 대한 고용신고를 받은 등록관청은 乙의 직무교육 수료여부를 확인하여야 한다.
㉢ 甲은 乙의 업무개시 후 10일 이내에 등록관청에 고용신고를 하여야 한다.

① ㉠　② ㉠, ㉡　③ ㉠, ㉢
④ ㉡, ㉢　⑤ ㉠, ㉡, ㉢

정답 ①

해설 ㉠ (○) 외국인도 고용인으로 고용할 수 있다.
㉡ (×) **<u>소</u>**속공인중개사는 **<u>실</u>**무교육, **<u>중</u>**개보조원은 **<u>직</u>**무교육을 수료해야 한다.
㉢ (×) 고용신고는 고용한 경우 **<u>업무개시 전까지</u>** 해야 한다.

03 **공인중개사인 개업공인중개사 甲의 소속공인중개사 乙의 중개행위로 중개가 완성되었다. 공인중개사법령상 이에 관한 설명으로 틀린 것은?** 제31회

① 乙의 업무상 행위는 甲의 행위로 본다.
② 중개대상물확인·설명서에는 甲과 乙이 함께 서명 및 날인하여야 한다.
③ 乙은 甲의 위임을 받아 부동산거래계약신고서의 제출을 대행할 수 있다.
④ 乙의 중개행위가 금지행위에 해당하여 乙이 징역형의 선고를 받았다는 이유로 甲도 해당 조(條)에 규정된 징역형을 선고받는다.
⑤ 甲은 거래당사자에게 손해배상책임의 보장에 관한 사항을 설명하고 관계 증서의 사본을 교부하거나 관계 증서에 관한 전자문서를 제공하여야 한다.

정답 ④

해설 乙(소속공인중개사)은 징역형의 선고를 받을 수 있다. 그러나 甲(개업공인중개사)은 양벌규정으로 벌금형만 따오니까 징역형을 선고받을 수 없다.

04 **공인중개사법령상 개업공인중개사의 고용인에 관한 설명으로 틀린 것은?** 제32회

① 개업공인중개사는 중개보조원과 고용관계가 종료된 경우 그 종료일부터 10일 이내에 등록관청에 신고해야 한다.
② 소속공인중개사의 고용신고를 받은 등록관청은 공인중개사자격증을 발급한 시·도지사에게 그 소속공인중개사의 공인중개사 자격 확인을 요청해야 한다.
③ 중개보조원뿐만 아니라 소속공인중개사의 업무상 행위는 그를 고용한 개업공인중개사의 행위로 본다.
④ 개업공인중개사는 중개보조원을 고용한 경우, 등록관청에 신고한 후 업무개시 전까지 등록관청이 실시하는 직무교육을 받도록 해야 한다.
⑤ 중개보조원의 고용신고를 받은 등록관청은 그 사실을 공인중개사협회에 통보해야 한다.

정답 ④

해설 ④ (×) **선 교육, 후 신고**이다. 교육을 먼저 받게 한 후 고용신고를 해야 한다.
② (○) 등록관청은 공인중개사자격증을 발급한 시·도지사에게 그 소속공인중개사의 공인중개사 자격 확인을 요청하니까 **자격증 사본을 제출하지 않는다**.

05 **공인중개사법령상 개업공인중개사의 고용인에 관한 설명으로 옳은 것은?** 제34회

① 중개보조원의 업무상 행위는 그를 고용한 개업공인중개사의 행위로 보지 아니한다.

② 소속공인중개사를 고용하려는 개업공인중개사는 고용 전에 미리 등록관청에 신고해야 한다.

③ 개업공인중개사는 중개보조원과의 고용관계가 종료된 때에는 고용관계가 종료된 날부터 10일 이내에 등록관청에 신고하여야 한다.

④ 개업공인중개사가 소속공인중개사의 고용신고를 할 때에는 해당 소속공인중개사의 실무교육 수료확인증을 제출하여야 한다.

⑤ 개업공인중개사는 외국인을 중개보조원으로 고용할 수 없다.

정답 ③

해설 ① 중개보조원의 업무상 행위는 그를 고용한 개업공인중개사의 행위로 본다.

② 고용한 경우에 신고하는 **사후 신고**이다.

④ 소속공인중개사의 고용신고를 할 때에 실무교육 수료확인증을 제출하라고 법령에는 규정이 없다(실무상으로는 제출하기 때문에 다시 출제되기 어려운 지문이다).

⑤ 외국인을 중개보조원으로 고용할 수 있다.

06 **공인중개사법령상 고용인의 신고 등에 관한 설명으로 옳은 것은?** 제35회

① 등록관청은 중개보조원의 고용신고를 받은 경우 이를 공인중개사협회에 통보하지 않아도 된다.

② 개업공인중개사는 소속공인중개사를 고용한 경우에는 소속공인중개사가 업무를 개시한 날부터 10일 이내에 등록관청에 신고하여야 한다.

③ 개업공인중개사가 고용할 수 있는 중개보조원의 수는 개업공인중개사와 소속공인중개사를 합한 수의 5배를 초과하여서는 아니 된다.

④ 개업공인중개사는 소속공인중개사와 고용관계가 종료된 때에는 고용관계가 종료된 날부터 30일 이내에 등록관청에 신고하여야 한다.

⑤ 소속공인중개사에 대한 고용신고를 받은 등록관청은 공인중개사협회에게 그 소속공인중개사의 공인중개사 자격 확인을 요청하여야 한다.

정답 ③

해설 ① 등록관청은 중개보조원의 고용신고를 받은 경우 다음 달 10일까지 공인중개사협회에 통보해야 한다.
② 개업공인중개사는 소속공인중개사를 고용한 경우에는 업무개시 전까지 등록관청에 신고하여야 한다.
④ 개업공인중개사는 소속공인중개사와 고용관계가 종료된 때에는 고용관계가 종료된 날부터 10일 이내에 등록관청에 신고하여야 한다.
⑤ 소속공인중개사에 대한 고용신고를 받은 등록관청은 **자격증을 발급한 시·도지사**에게 그 소속공인중개사의 공인중개사 자격 확인을 요청하여야 한다.

07 **개업공인중개사 甲의 소속공인중개사 乙이 중개업무를 하면서 중개대상물의 거래상 중요사항에 관하여 거짓된 언행으로 중개의뢰인 丙의 판단을 그르치게 하여 재산상 손해를 입혔다. 공인중개사법령에 관한 설명으로 틀린 것은?** 제29회

① 乙의 행위는 공인중개사 자격정지사유에 해당한다.
② 乙은 1년 이하의 징역 또는 1천만원 이하의 벌금에 처한다.
③ 등록관청은 甲의 중개사무소 개설등록을 취소할 수 있다.
④ 乙이 징역 또는 벌금형을 선고받은 경우 甲은 乙의 위반행위 방지를 위한 상당한 주의·감독을 게을리하지 않았더라도 벌금형을 받는다.
⑤ 丙은 甲에게 손해배상을 청구할 수 있다.

정답 ④

해설 ④ (×) 개업공인중개사는 무과실이면 벌금형을 선고받지 않는다.
① (○) 소속공인중개사에게 금지행위(9금지)가 자격정지사유에 해당한다.
② (○) 판단을 그르치는 금지행위는 1년 - 1천이다.
③ (○) 개업공인중개사에게 금지행위(9금지)가 임의적 등록취소사유에 해당한다.
⑤ (○) 개업공인중개사는 무과실의 손해배상책임을 진다.

08 중개사무소

01 공인중개사법령상 중개사무소의 설치 등에 관한 설명으로 <u>틀린</u> 것은? 제30회

① 개업공인중개사는 그 등록관청의 관할구역 안에 1개의 중개사무소만을 둘 수 있다.

② 개업공인중개사는 천막 그 밖에 이동이 용이한 임시 중개시설물을 설치하여서는 아니 된다.

③ 법인이 아닌 개업공인중개사는 분사무소를 둘 수 없다.

④ 개업공인중개사는 등록관청의 관할구역 외의 지역에 있는 중개대상물을 중개할 수 없다.

⑤ 법인인 개업공인중개사는 등록관청에 신고하고 그 관할구역 외의 지역에 분사무소를 둘 수 있다.

정답 ④

해설 ④ (×) 법인인 개업공인중개사와 공인중개사인 개업공인중개사의 업무지역은 전국이다. 부칙상 개업공인중개사의 업무지역은 사무소 소재지 시·도이다. 따라서 등록관청의 관할구역 외의 지역에 있는 중개대상물을 중개할 수 있다.

① (○) 모든 개업공인중개사가 관할구역 안에 1개의 중개사무소만 둘 수 있다(**<u>아내는 1명이다</u>**).

02 공인중개사법령상 중개사무소의 설치에 관한 설명으로 <u>틀린</u> 것은? 제32회

① 법인이 아닌 개업공인중개사는 그 등록관청의 관할구역 안에 1개의 중개사무소만 둘 수 있다.

② 다른 법률의 규정에 따라 중개업을 할 수 있는 법인의 분사무소에는 공인중개사를 책임자로 두지 않아도 된다.

③ 개업공인중개사가 중개사무소를 공동으로 사용하려면 중개사무소의 개설등록 또는 이전신고를 할 때 그 중개사무소를 사용할 권리가 있는 다른 개업공인중개사의 승낙서를 첨부해야 한다.

④ 법인인 개업공인중개사가 분사무소를 두려는 경우 소유·전세·임대차 또는 사용대차 등의 방법으로 사용권을 확보해야 한다.

⑤ 법인인 개업공인중개사가 그 등록관청의 관할구역 외의 지역에 둘 수 있는 분사무소는 시·도별로 1개소를 초과할 수 없다.

 ⑤

해설 ⑤ (×) 주된 사무소 소재지 시 · 군 · 구 제외한 다른 시 · 군 · 구에 설치하되, **시 · 군 · 구 별**로 1개소를 초과할 수 없다.

③ (○) 공동사용을 위해서는 중개사무소를 사용할 권리가 있는 다른 개업공인중개사의 승낙서가 필요하다.

03 공인중개사법령상 중개사무소의 설치에 관한 설명으로 틀린 것은? 제34회

① 개업공인중개사는 그 등록관청의 관할구역 안에 1개 중개사무소만을 둘 수 있다.

② 개업공인중개사는 이동이 용이한 임시 중개시설물을 설치하여서는 아니 된다.

③ 주된 사무소의 소재지가 속한 군에는 분사무소를 설치할 수 없다.

④ 법인이 아닌 개업공인중개사가 그 관할구역 외의 지역에 분사무소를 설치하기 위해서는 등록관청에 신고하여야 한다.

⑤ 분사무소 설치신고를 받은 등록관청은 그 신고내용이 적합한 경우에는 신고확인서를 교부하여야 한다.

정답 ④

해설 법인이 아닌 개업공인중개사(= 개인인 개업공인중개사)는 분사무소를 둘 수 없다.

04 **공인중개사법령상 분사무소의 설치에 관한 설명으로 옳은 것은?** 제31회

① 군(郡)에 주된 사무소가 설치된 경우 동일 군(郡)에 분사무소를 둘 수 있다.
② 개업공인중개사가 분사무소를 설치하기 위해서는 등록관청으로부터 인가를 받아야 한다.
③ 공인중개사인 개업공인중개사는 분사무소를 설치할 수 없다.
④ 다른 법률의 규정에 따라 중개업을 할 수 있는 법인의 분사무소에도 공인중개사를 책임자로 두어야 한다.
⑤ 분사무소의 책임자인 공인중개사는 등록관청이 실시하는 실무교육을 받아야 한다.

정답 ③

해설 ① 주된 사무소 소재지 시·군·구에는 분사무소를 둘 수 없다.
② 분사무소는 설치신고를 해야 한다.
④ 다른 법률의 규정에 따라 중개업을 할 수 있는 법인(= 특수법인)은 책임자가 공인중개사가 아니어도 된다.
⑤ 등록관청이 실시하는 실무교육 ⇨ **시·도지사가 실시하는 실무교육**

05 **공인중개사법령상 개업공인중개사가 중개사무소를 등록관청의 관할지역 외의 지역으로 이전하는 경우에 관한 설명으로 틀린 것은?** 제29회

① 이전신고 전에 발생한 사유로 인한 행정처분은 이전 전의 등록관청이 이를 행한다.
② 이전신고는 이전한 날부터 10일 이내에 해야 한다.
③ 주된 사무소의 이전신고는 이전 후 등록관청에 해야 한다.
④ 주된 사무소의 이전신고서에는 중개사무소등록증과 건축물대장에 기재된 건물에 중개사무소를 확보한 경우 이를 증명하는 서류가 첨부되어야 한다.
⑤ 분사무소 이전신고를 받은 등록관청은 이전 전 및 이전 후의 분사무소 소재지 관할 시장·군수 또는 구청장에게 이를 지체 없이 통보해야 한다.

정답 ①

해설 ① (×) 이전신고 전에 발생한 사유로 인한 행정처분은 이전 후의 등록관청이 이를 행한다.
③④ (○) 주된 사무소의 이전은 중개사무소의 이전이므로 관외 이전 시 이전 후 등록관청에 신고해야 한고, 중개사무소등록증을 첨부해야 한다.

06 공인중개사법령상 법인인 개업공인중개사가 등록관청 관할지역 외의 지역으로 중개사무소 또는 분사무소를 이전하는 경우에 관한 설명으로 옳은 것은? 제31회

① 중개사무소 이전신고를 받은 등록관청은 그 내용이 적합한 경우, 중개사무소 등록증의 변경사항을 적어서 교부하거나 중개사무소등록증을 재교부하여야 한다.

② 건축물대장에 기재되지 않은 건물에 중개사무소를 확보한 경우, 건축물대장의 기재가 지연된 사유를 적은 서류는 첨부할 필요가 없다.

③ 중개사무소 이전신고를 하지 않은 경우 과태료 부과대상이 아니다.

④ 분사무소 이전신고는 이전한 날부터 10일 이내에 이전할 분사무소의 소재지를 관할하는 등록관청에 하면 된다.

⑤ 등록관청은 분사무소의 이전신고를 받은 때에는 지체 없이 그 분사무소의 이전 전 및 이전 후의 소재지를 관할하는 시장・군수 또는 구청장에게 이를 통보하여야 한다.

정답 ⑤

해설 ① 관외 이전의 경우 변경사항을 적어서 교부하는 것은 없다.
② 건축물대장은 첨부하지 않지만, **건축물대장의 기재가 지연된 사유를 적은 서류는 첨부해야 한다.**
③ 중개사무소 이전신고를 하지 않은 경우 100만원 이하의 과태료이다.
④ 분사무소 이전신고는 주된 사무소 등록관청에 해야 한다.

07 공인중개사법령상 공인중개사인 개업공인중개사가 중개사무소를 등록관청의 관할 지역 내로 이전한 경우에 관한 설명으로 틀린 것을 모두 고른 것은? 제32회

㉠ 중개사무소를 이전한 날부터 10일 이내에 신고해야 한다.
㉡ 등록관청이 이전신고를 받은 경우, 중개사무소등록증에 변경사항만을 적어 교부할 수 없고 재교부해야 한다.
㉢ 이전신고를 할 때 중개사무소등록증을 제출하지 않아도 된다.
㉣ 건축물대장에 기재되지 않은 건물로 이전신고를 하는 경우, 건축물대장 기재가 지연되는 사유를 적은 서류도 제출해야 한다.

① ㉠, ㉡　② ㉠, ㉣　③ ㉡, ㉢
④ ㉢, ㉣　⑤ ㉡, ㉢, ㉣

정답 ③
해설 ㉡ (×) 관내 이전이므로 중개사무소등록증에 변경사항을 적어 교부할 수 있다.
㉢ (×) 관내 이전도 이전신고를 할 때 중개사무소등록증을 제출해야 한다.

08 공인중개사법령상 개업공인중개사의 중개사무소 이전신고 등에 관한 설명으로 틀린 것은? 제34회

① 개업공인중개사가 중개사무소를 등록관청의 관할지역 외의 지역으로 이전한 경우에는 이전 후의 중개사무소를 관할하는 시장·군수 또는 구청장에게 신고하여야 한다.
② 개업공인중개사가 등록관청에 중개사무소의 이전사실을 신고한 경우에는 지체 없이 사무소의 간판을 철거하여야 한다.
③ 분사무소의 이전신고를 하려는 경우에는 주된 사무소의 소재지를 관할하는 등록관청에 중개사무소 이전신고서를 제출해야 한다.
④ 업무정지기간 중에 있는 개업공인중개사는 중개사무소의 이전신고를 하는 방법으로 다른 개업공인중개사의 중개사무소를 공동으로 사용할 수 없다.
⑤ 공인중개사인 개업공인중개사가 중개사무소이전신고서를 제출할 때 중개사무소등록증을 첨부하지 않아도 된다.

정답 ⑤

해설 중개사무소등록증은 이전신고 시 첨부서류에 해당한다(분사무소 이전신고라면 신고확인서를 첨부).

09 **공인중개사법령상 중개사무소의 이전신고에 관한 설명으로 <u>틀린</u> 것은?** 제28회

① 중개사무소를 이전한 때에는 이전한 날부터 10일 이내에 이전신고를 해야 한다.

② 분사무소를 이전한 때에는 주된 사무소의 소재지를 관할하는 등록관청에 이전신고를 해야 한다.

③ 분사무소의 이전신고를 하려는 법인인 개업공인중개사는 중개사무소등록증을 첨부해야 한다.

④ 분사무소의 이전신고를 받은 등록관청은 지체 없이 이를 이전 전 및 이전 후의 소재지를 관할하는 시장・군수 또는 구청장에게 통보해야 한다.

⑤ 중개사무소를 등록관청의 관할지역 외의 지역으로 이전 한 경우, 그 이전신고 전에 발생한 사유로 인한 개업공인중개사에 대한 행정처분은 이전 후 등록관청이 행한다.

정답 ③

해설 분사무소 이전신고 시 중개사무소등록증이 아니라 **<u>신고확인서</u>**를 첨부해야 한다.

09 사무소 명칭 사용의무와 표시·광고

01 공인중개사법령상 중개사무소 명칭에 관한 설명으로 옳은 것은? 제31회

① 공인중개사인 개업공인중개사는 그 사무소의 명칭에 "공인중개사사무소" 또는 "부동산중개"라는 문자를 사용하여야 한다.

② 공인중개사가 중개사무소의 개설등록을 하지 않은 경우, 그 사무소에 "공인중개사사무소"라는 명칭을 사용할 수 없지만, "부동산중개"라는 명칭은 사용할 수 있다.

③ 공인중개사인 개업공인중개사가 관련 법령에 따른 옥외광고물을 설치하는 경우, 중개사무소등록증에 표기된 개업공인중개사의 성명을 표기할 필요는 없다.

④ 중개사무소 개설등록을 하지 않은 공인중개사가 "부동산중개"라는 명칭을 사용한 경우, 국토교통부장관은 그 명칭이 사용된 간판 등의 철거를 명할 수 있다.

⑤ 개업공인중개사가 의뢰받은 중개대상물에 대하여 표시·광고를 하려는 경우, 중개사무소의 명칭은 명시하지 않아도 된다.

정답 ①

해설 ② 공인중개사가 중개사무소의 개설등록을 하지 않은 경우, 그 사무소에 "공인중개사사무소"라는 명칭을 사용할 수 없고, "부동산중개"라는 명칭도 사용할 수 없다. 그러나 **"공인중개사"는 사용할 수 있다.**

③ 중개사무소등록증에 표기된 개업공인중개사의 성명을 표기해야 한다.

④ 국토교통부장관 ⇨ 등록관청

⑤ 모든 표시·광고에서 중개사무소의 명칭은 명시해야 한다.

02 공인중개사법령상 중개사무소의 명칭 및 등록증 등의 게시에 관한 설명으로 <u>틀린</u> 것은? (다툼이 있으면 판례에 따름) 제32회

① 법인인 개업공인중개사의 분사무소에는 분사무소설치신고확인서 원본을 게시해야 한다.

② 소속공인중개사가 있는 경우 그 소속공인중개사의 공인중개사자격증 원본도 게시해야 한다.

③ 개업공인중개사가 아닌 자가 '부동산중개'라는 명칭을 사용한 경우, 3년 이하의 징역 또는 3천만원 이하의 벌금에 처한다.

④ 무자격자가 자신의 명함에 '부동산뉴스 대표'라는 명칭을 기재하여 사용하였다면 공인중개사와 유사한 명칭을 사용한 것에 해당한다.

⑤ 공인중개사인 개업공인중개사가 「옥외광고물 등의 관리와 옥외광고산업 진흥에 관한 법률」에 따른 옥외광고물을 설치하는 경우, 중개사무소등록증에 표기된 개업공인중개사의 성명을 표기해야 한다.

정답 ③

해설 개업공인중개사가 아닌 자가 '부동산중개'라는 명칭을 사용한 경우, 1년 이하의 징역 또는 1천만원 이하의 벌금에 처한다(**<u>아닌(2글자) ⇨ 1년 – 1천</u>**).

03 공인중개사법령상 중개사무소의 명칭 및 등록증 등의 게시에 관한 설명으로 <u>틀린</u> 것은? 제34회

① 공인중개사인 개업공인중개사는 공인중개사자격증 원본을 해당 중개사무소 안의 보기 쉬운 곳에 게시하여야 한다.

② 개업공인중개사는 「부가가치세법 시행령」에 따른 사업자등록증을 해당 중개사무소 안의 보기 쉬운 곳에 게시하여야 한다.

③ 법인인 개업공인중개사는 그 사무소의 명칭에 '공인중개사사무소' 또는 '부동산중개'라는 문자를 사용하여야 한다.

④ 법인인 개업공인중개사의 분사무소에 옥외광고물을 설치하는 경우 분사무소설치신고확인서에 기재된 책임자의 성명을 표기하여야 한다.

⑤ 법 제7638호 부칙 제6조 제2항에 따른 개업공인중개사는 그 사무소의 명칭에 '공인중개사사무소' 및 '부동산중개'라는 문자를 사용하여서는 아니 된다.

정답 ⑤

해설 법 제7638호 부칙 제6조 제2항에 따른 개업공인중개사는 그 사무소의 명칭에 '공인중개사사무소'는 사용할 수 없다. 그러나 '부동산중개'라는 문자는 사용해야 한다.

04 공인중개사법령상 중개사무소 명칭 및 표시·광고에 관한 설명으로 옳은 것은?

제29회

① 공인중개사는 개설등록을 하지 않아도 그 사무소에 "부동산중개"라는 명칭을 사용할 수 있다.

② 공인중개사인 개업공인중개사가 법령에 따른 옥외광고물을 설치하는 경우 중개사무소등록증에 표기된 개업공인중개사의 성명을 표기할 필요가 없다.

③ 법 제7638호 부칙 제6조 제2항에 규정된 개업공인중개사는 사무소의 명칭에 "공인중개사사무소"라는 문자를 사용해서는 안 된다.

④ 등록관청은 규정을 위반한 사무소 간판의 철거를 명할 수 있으나, 법령에 의한 대집행은 할 수 없다.

⑤ 법인인 개업공인중개사가 의뢰받은 중개대상물에 대하여 법령에 따른 표시·광고를 하는 경우 대표자의 성명을 명시할 필요는 없다.

정답 ③

해설 ① 공인중개사는 개설등록을 하지 않았다면 그 사무소에 "공인중개사사무소" 또는 "부동산중개"라는 명칭을 사용할 수 없다. 그러나 "공인중개사"라는 명칭을 사용할 수 있다.

② 옥외광고물에 성명표기의무가 있다.

④ 등록관청은 철거명령을 불이행시 **행정대집행법에 의한 대집행**을 할 수 있다.

⑤ 법인인 개업공인중개사는 표시·광고를 하는 경우 대표자의 성명을 명시해야 한다.

05 **공인중개사법령상 개업공인중개사가 의뢰받은 중개대상물에 대하여 표시·광고를 하려는 경우 '중개사무소, 개업공인중개사에 관한 사항'으로서 명시해야 하는 것을 모두 고른 것은?** 제30회

> ㉠ 중개사무소의 연락처　　㉡ 중개사무소의 명칭
> ㉢ 소속공인중개사의 성명　　㉣ 개업공인중개사의 성명

① ㉠, ㉡　　② ㉡, ㉢　　③ ㉢, ㉣
④ ㉠, ㉡, ㉣　　⑤ ㉠, ㉢, ㉣

정답 ④

해설 ㉢ (×) 소속공인중개사의 성명은 명시의무는 없다. 그러나 명시할 수는 있다.

06 **공인중개사법령상 개업공인중개사가 의뢰받은 중개대상물에 대하여 표시·광고를 하는 경우에 관한 설명으로 옳은 것은?** 제31회

① 중개보조원이 있는 경우 개업공인중개사의 성명과 함께 중개보조원의 성명을 명시할 수 있다.
② 중개대상물에 대한 표시·광고를 위하여 대통령령으로 정해진 사항의 구체적인 표시·광고 방법은 국토교통부장관이 정하여 고시한다.
③ 중개대상물의 내용을 사실과 다르게 거짓으로 표시·광고한 자를 신고한 자는 포상금 지급대상이다.
④ 인터넷을 이용하여 표시·광고를 하는 경우 중개사무소에 관한 사항은 명시하지 않아도 된다.
⑤ 인터넷을 이용한 중개대상물의 표시·광고 모니터링 업무 수탁 기관은 기본계획서에 따라 6개월마다 기본 모니터링 업무를 수행한다.

정답 ②

해설 ① 중개보조원에 관한 사항은 명시해선 아니 된다.
③ 개업공인중개사가 아닌 자로서 표시·광고한 자를 신고한 자가 포상금 지급대상이다. 그러나 부당한 표시·광고를 한 자를 신고한 자는 포상금 지급대상이 아니다.
④ 중개사무소에 관한 사항(사무소 명칭, 소재지)은 모든 표시·광고에서 공통으로 명시해야 하는 사항이다.
⑤ 기본 모니터링 업무는 분기별로 수행한다.

07 공인중개사법령상 중개업 등에 관한 설명으로 옳은 것은? 제33회

① 소속공인중개사는 중개사무소의 개설등록을 신청할 수 있다.

② 법인인 개업공인중개사는 '중개업'과 '개업공인중개사를 대상으로 한 중개업의 경영기법 및 경영정보의 제공업무'를 함께 할 수 없다.

③ 법인인 개업공인중개사가 등록관청의 관할구역 외의 지역에 분사무소를 두기 위해서는 등록관청의 허가를 받아야 한다.

④ 소속공인중개사는 등록관청에 신고를 거쳐 천막 그 밖에 이동이 용이한 임시 중개시설물을 설치할 수 있다.

⑤ 개업공인중개사는 의뢰받은 중개대상물에 대한 표시·광고에 중개보조원에 관한 사항을 명시해서는 아니 된다.

정답 ⑤

해설 ⑤ (○) 모든 표시·광고에서 중개보조원에 관한 사항을 명시해서는 아니 된다.

① (×) 소속공인중개사는 중개사무소의 개설등록을 신청할 수 없다.

② (×) 법인인 개업공인중개사는 '개업공인중개사를 대상으로 한 중개업의 경영기법 및 경영정보의 제공업무'를 할 수 있다.

③ (×) 분사무소의 경우 **설치신고**를 해야 한다.

④ (×) 소속공인중개사도 임시 중개시설물을 설치할 수 없다.

10 인장등록과 휴업·폐업

01 공인중개사법령상 인장의 등록 등에 관한 설명으로 <u>틀린</u> 것은? 제29회

① 소속공인중개사는 업무개시 전에 중개행위에 사용할 인장을 등록관청에 등록해야 한다.

② 개업공인중개사가 등록한 인장을 변경한 경우 변경일부터 7일 이내에 그 변경된 인장을 등록관청에 등록해야 한다.

③ 법인인 개업공인중개사의 인장등록은 「상업등기규칙」에 따른 인감증명서의 제출로 갈음한다.

④ 분사무소에서 사용할 인장의 경우에는 「상업등기규칙」에 따라 법인의 대표자가 보증하는 인장을 등록할 수 있다.

⑤ 법인의 분사무소에서 사용하는 인장은 분사무소 소재지 등록관청에 등록해야 한다.

정답 ⑤

해설 ⑤ (×) 법인의 분사무소에서 사용하는 인장은 주된 사무소 소재지 등록관청에 등록해야 한다.

① (○) 소속공인중개사도 업무개시 전까지 인장등록을 해야 한다.

02 공인중개사법령상 인장등록 등에 관한 설명으로 <u>틀린</u> 것은? 제30회

① 법인인 개업공인중개사의 인장등록은 「상업등기규칙」에 따른 인감증명서의 제출로 갈음한다.

② 소속공인중개사가 등록하지 아니한 인장을 중개행위에 사용한 경우, 등록관청은 1년의 범위 안에서 업무의 정지를 명할 수 있다.

③ 인장의 등록은 중개사무소 개설등록신청과 같이 할 수 있다.

④ 소속공인중개사의 인장등록은 소속공인중개사에 대한 고용신고와 같이 할 수 있다.

⑤ 개업공인중개사가 등록한 인장을 변경한 경우, 변경일부터 7일 이내에 그 변경된 인장을 등록관청에 등록하여야 한다.

정답 ②

해설 등록관청 ⇨ 자격증을 교부한 시·도지사, 1년 ⇨ 6개월, 업무정지 ⇨ 자격정지

03 공인중개사법령상 인장등록 등에 관한 설명으로 옳은 것은? 제31회

① 중개보조원은 중개업무를 보조하기 위해 인장등록을 하여야 한다.
② 개업공인중개사가 등록한 인장을 변경한 경우 변경일부터 10일 이내에 그 변경된 인장을 등록관청에 등록하면 된다.
③ 분사무소에서 사용할 인장은 분사무소 소재지 시장·군수 또는 구청장에게 등록해야 한다.
④ 분사무소에서 사용할 인장은 「상업등기규칙」에 따라 신고한 법인의 인장이어야 하고, 「상업등기규칙」에 따른 인감증명서의 제출로 갈음할 수 없다.
⑤ 법인의 소속공인중개사가 등록하지 아니한 인장을 사용한 경우, 6개월의 범위 안에서 자격정지처분을 받을 수 있다.

정답 ⑤

해설 ⑤ (○) 소속공인중개사는 자격정지사유, 개업공인중개사는 업무정지사유
① (×) 중개보조원은 인장등록의무가 없다.
② (×) 변경일부터 10일 이내 ⇨ **변경일부터 7일** 이내
③ (×) 분사무소에서 사용할 인장은 주된 사무소 소재지 시장·군 수 또는 구청장에게 등록해야 한다.
④ (×) 분사무소에서 사용할 인장은 법인의 대표자가 보증하는 인장을 등록할 수 있다. 또한 「상업등기규칙」에 따른 인감증명서의 제출로 갈음한다.

04 공인중개사법령상 인장등록 등에 관한 설명으로 틀린 것은? 제34회

① 개업공인중개사는 중개사무소 개설등록 후에도 업무를 개시하기 전이라면 중개행위에 사용할 인장을 등록할 수 있다.
② 소속공인중개사의 인장등록은 소속공인중개사에 대한 고용신고와 같이 할 수 있다.
③ 분사무소에서 사용할 인장의 경우에는 「상업등기규칙」에 따라 법인의 대표자가 보증하는 인장을 등록할 수 있다.
④ 소속공인중개사가 등록하여야 할 인장의 크기는 가로·세로 각각 7mm 이상 30mm 이내이어야 한다.
⑤ 소속공인중개사가 등록한 인장을 변경한 경우에는 변경일부터 10일 이내에 그 변경된 인장을 등록해야 한다.

정답 ⑤

해설 ⑤ (×) 변경일부터 10일 이내 ⇨ 변경일부터 7일 이내
① (○) 인장등록은 등록신청과 같이 할 수도 있고, 등록하고 업무개시 전까지 해도 된다.
④ (○) **소속공인중개사는 개인**으로서 인장의 크기가 정해져 있다(가로, 세로 각각 7mm 이상 30mm 이내).

05 공인중개사법령상 개업공인중개사의 휴업에 관한 설명으로 틀린 것을 모두 고른 것은? 제29회

㉠ 중개사무소 개설등록 후 업무를 개시하지 않고 3개월을 초과하는 경우에는 신고해야 한다.
㉡ 법령에 정한 사유를 제외하고 휴업은 6개월을 초과할 수 없다.
㉢ 분사무소는 주된 사무소와 별도로 휴업할 수 없다.
㉣ 휴업신고는 원칙적으로 휴업개시 후 휴업종료 전에 해야 한다.
㉤ 휴업기간 변경신고서에는 중개사무소등록증을 첨부해야 한다.

① ㉠, ㉡ ② ㉢, ㉤ ③ ㉠, ㉡, ㉣
④ ㉡, ㉢, ㉤ ⑤ ㉢, ㉣, ㉤

정답 ⑤

해설 ㉠ (○) **중개사무소 개설등록 후 업무를 개시하지 않은 것은 휴업에 포함된다.** 따라서 3개월을 초과하는 경우에 신고해야 한다.
㉡ (○) 휴업은 원칙적으로 6개월을 초과할 수 없다. 부득이한 사유가 있을 때만 예외적으로 6개월을 초과할 수 있다.
㉢ (×) 분사무소는 주된 사무소와 별도로 휴업·폐업할 수 있다.
㉣ (×) **휴업신고는 사전신고**로서 휴업하고자 하는 경우에 해야 한다.
㉤ (×) 휴업기간 변경신고서에는 등록증을 첨부하지 않는다. 따라서 전자문서에 의한 신고가 인정된다.

06 공인중개사법령상 개업공인중개사의 휴업과 폐업 등에 관한 설명으로 틀린 것은?

제30회

① 부동산중개업휴업신고서의 서식에 있는 '개업공인중개사의 종별'란에는 법인, 공인중개사, 법 제7638호 부칙 제6조 제2항에 따른 개업공인중개사가 있다.
② 개업공인중개사가 부동산중개업폐업신고서를 작성하는 경우에는 폐업기간, 부동산중개업휴업신고서를 작성하는 경우에는 휴업기간을 기재하여야 한다.
③ 중개사무소의 개설등록 후 업무를 개시하지 않은 개업공인중개사라도 3개월을 초과하는 휴업을 하고자 하는 때에는 부동산중개업휴업신고서에 중개사무소등록증을 첨부하여 등록관청에 미리 신고하여야 한다.
④ 개업공인중개사가 등록관청에 폐업사실을 신고한 경우에는 지체 없이 사무소의 간판을 철거하여야 한다.
⑤ 개업공인중개사가 취학을 하는 경우 6개월을 초과하여 휴업을 할 수 있다.

정답 ②

해설 ② (×) **폐업신고서에는 폐업일, 휴업신고서에는 휴업기간**을 기재한다.
① (○) 부칙상의 개업공인중개사도 휴업·폐업할 수 있다.

07 공인중개사법령상 개업공인중개사의 휴업과 폐업 등에 관한 설명으로 틀린 것은?

제31회

① 폐업신고 전의 개업공인중개사에 대하여 위반행위를 사유로 행한 업무정지처분의 효과는 폐업일부터 1년간 다시 개설등록을 한 자에게 승계된다.
② 개업공인중개사가 폐업신고를 한 후 1년 이내에 소속공인중개사로 고용신고되는 경우, 그 소속공인중개사는 실무교육을 받지 않아도 된다.
③ 손해배상책임의 보장을 위한 공탁금은 개업공인중개사가 폐업한 날부터 3년 이내에는 회수할 수 없다.
④ 분사무소는 주된 사무소와 별도로 휴업할 수 있다.
⑤ 중개업의 폐업신고는 수수료 납부사항이 아니다.

정답 ①

해설 ① (×) 폐업일부터 1년간 ⇨ **처분일부터 1년간**
② (○) 동일 계열은 1년 이내면 실무교육이 면제가 된다.
⑤ (○) 중개업의 폐업신고는 수수료를 납부하는 여섯 가지에 해당하지 않는다.

08 공인중개사법령상 중개업의 휴업 및 재개신고 등에 관한 설명으로 옳은 것은?

제32회

① 개업공인중개사가 3개월의 휴업을 하려는 경우 등록관청에 신고해야 한다.
② 개업공인중개사가 6개월을 초과하여 휴업을 할 수 있는 사유는 취학, 질병으로 인한 요양, 징집으로 인한 입영에 한한다.
③ 개업공인중개사가 휴업기간 변경신고를 하려면 중개사무소등록증을 휴업기간변경신고서에 첨부하여 제출해야 한다.
④ 재개신고는 휴업기간 변경신고와 달리 전자문서에 의한 신고를 할 수 없다.
⑤ 재개신고를 받은 등록관청은 반납을 받은 중개사무소등록증을 즉시 반환해야 한다.

정답 ⑤

해설 ⑤ (○) 휴업신고 시 제출했던 등록증을 찾아서 반환하는 것이니까 시간을 끌 이유가 없다. 따라서 **즉시 반환**해야 한다.
① (×) 3개월 이하 휴업은 신고하지 않는다.
② (×) 임신 또는 출산 등 그 밖의 부득이한 사유가 있으면 6개월 초과 휴업이 가능하다.
③ (×) 변경신고 시 등록증을 첨부하지 않는다.
④ (×) 재개신고는 등록증을 첨부하지 않으므로 전자문서에 의한 신고가 인정된다.

09 공인중개사법령상 개업공인중개사의 부동산중개업 휴업 또는 폐업에 관한 설명으로 옳은 것을 모두 고른 것은?

제34회

㉠ 분사무소의 폐업신고를 하는 경우 분사무소설치신고확인서를 첨부해야 한다.
㉡ 임신은 6개월을 초과하여 휴업할 수 있는 사유에 해당한다.
㉢ 업무정지처분을 받고 부동산중개업 폐업신고를 한 개업공인중개사는 업무정지기간이 지나지 아니하더라도 중개사무소 개설등록을 할 수 있다.

① ㉡ ② ㉠, ㉡ ③ ㉠, ㉢
④ ㉡, ㉢ ⑤ ㉠, ㉡, ㉢

정답 ②

해설 ㉢ (×) 업무정지처분을 받고 부동산중개업 폐업신고를 한 자는 **남은 기간 동안 등록의 결격사유**에 해당하므로 등록할 수 없다.

10 공인중개사법령상 개업공인중개사의 휴업의 신고 등에 관한 설명으로 틀린 것은? 제35회

① 법인인 개업공인중개사가 4개월간 분사무소의 휴업을 하려는 경우 휴업신고서에 그 분사무소설치신고확인서를 첨부하여 분사무소의 휴업신고를 해야 한다.
② 개업공인중개사가 신고한 휴업기간을 변경하려는 경우 휴업기간 변경신고서에 중개사무소등록증을 첨부하여 등록관청에 미리 신고해야 한다.
③ 관할 세무서장이 「부가가치세법 시행령」에 따라 공인중개사법령상의 휴업신고서를 함께 받아 이를 해당 등록관청에 송부한 경우에는 휴업신고서가 제출된 것으로 본다.
④ 등록관청은 개업공인중개사가 대통령령으로 정하는 부득이한 사유가 없음에도 계속하여 6개월을 초과하여 휴업한 경우 중개사무소의 개설등록을 취소할 수 있다.
⑤ 개입공인중개사가 휴업한 중개업을 재개하고자 등록관청에 중개사무소재개신고를 한 경우 해당 등록관청은 반납받은 중개사무소등록증을 즉시 반환해야 한다.

정답 ②
해설 휴업신고를 할 때 이미 등록증을 제출했기 때문에 변경신고를 할 때는 등록증이 없으므로 등록증을 첨부하지 않는다.

11 공인중개사법령상 개업공인중개사가 지체 없이 사무소의 간판을 철거해야 하는 사유를 모두 고른 것은? 제32회

㉠ 등록관청에 중개사무소의 이전사실을 신고한 경우
㉡ 등록관청에 폐업사실을 신고한 경우
㉢ 중개사무소의 개설등록 취소처분을 받은 경우
㉣ 등록관청에 6개월을 초과하는 휴업신고를 한 경우

① ㉣ ② ㉠, ㉢ ③ ㉡, ㉢
④ ㉠, ㉡, ㉢ ⑤ ㉠, ㉡, ㉢, ㉣

정답 ④

해설 ㉣ (×) 휴업신고를 한 경우, 업무정지처분을 받은 경우에는 간판철거의무가 없다.

12 공인중개사법령상 등록관청이 공인중개사협회에 통보해야 하는 경우로 틀린 것은?

제29회

① 중개사무소등록증을 교부한 때
② 중개사무소등록증을 재교부한 때
③ 휴업기간변경신고를 받은 때
④ 중개보조원 고용신고를 받은 때
⑤ 업무정지처분을 한 때

정답 ②

해설 등록증 재교부는 협회에 통보하는 사항이 아니다. 또한 **'자격'과 관련된 사항도 협회에 통보하는 것이 아니다.** ㉮ 자격취소, 자격정지, 자격증 교부, 자격증 재교부 등도 협회에 통보하는 것이 아니다.

11 중개계약

01 **공인중개사법령상 중개계약에 관한 설명으로 <u>틀린</u> 것은?** (다툼이 있으면 판례에 따름) 제29회

① 임대차에 대한 전속중개계약을 체결한 개업공인중개사는 중개대상물의 공시지가를 공개해야 한다.

② 부동산중개계약은 민법상 위임계약과 유사하다.

③ 전속중개계약은 법령이 정하는 계약서에 의하여야 하며, 중개의뢰인과 개업공인중개사가 모두 서명 또는 날인한다.

④ 개업공인중개사는 전속중개계약 체결 후 중개의뢰인에게 2주일에 1회 이상 중개업무 처리상황을 문서로 통지해야 한다.

⑤ 중개의뢰인은 일반중개계약을 체결할 때 일반중개계약서의 작성을 요청할 수 있다.

정답 ①

해설 ① (×) 임대차에 대한 전속중개계약을 체결한 개업공인중개사는 중개대상물의 공시지가를 공개하지 아니할 수 있다.
③ (○) 개업공인중개사는 전속중개계약서에 서명 또는 날인한다(서명 및 날인 ×).

02 **공인중개사법령상 일반중개계약서와 전속중개계약서의 서식에 공통으로 기재된 사항이 <u>아닌</u> 것은?** 제31회

① 첨부서류로서 중개보수 요율표

② 계약의 유효기간

③ 개업공인중개사의 중개업무 처리상황에 대한 통지의무

④ 중개대상물의 확인·설명에 관한 사항

⑤ 개업공인중개사가 중개보수를 과다 수령한 경우 차액 환급

정답 ③

해설 전속중개계약만 2주일에 1회 이상 업무처리상황을 문서로 통지해야 한다. 일반중개계약은 업무처리상황 통지의무가 없다.

03 **공인중개사법령상 개업공인중개사의 일반중개계약과 전속중개계약에 관한 설명으로 옳은 것은?** 제33회

① 일반중개계약은 중개의뢰인이 중개대상물의 중개를 의뢰하기 위해 특정한 개업공인중개사를 정하여 그 개업공인중개사에 한정하여 중개대상물을 중개하도록 하는 계약을 말한다.

② 개업공인중개사가 일반중개계약을 체결한 때에는 중개의뢰인이 비공개를 요청하지 않은 경우, 부동산거래정보망에 해당 중개대상물에 관한 정보를 공개해야 한다.

③ 개업공인중개사가 일반중개계약을 체결한 때에는 중개의뢰인에게 2주일에 1회 이상 중개업무 처리상황을 문서로 통지해야 한다.

④ 개업공인중개사가 국토교통부령으로 정하는 전속중개계약서에 의하지 아니하고 전속중개계약을 체결한 행위는 업무정지사유에 해당하지 않는다.

⑤ 표준서식인 일반중개계약서와 전속중개계약서에는 개업공인중개사가 중개보수를 과다수령 시 그 차액의 환급을 공통적으로 규정하고 있다.

정답 ⑤

해설 ⑤ (○) 일반중개계약과 전속중개계약 모두 개업공인중개사는 중개보수 한도 내에서 중개보수를 받아야 하고, 초과하여 받으면 초과부분은 무효니까 반환해야 한다.

① (×) 전속중개계약은 중개의뢰인이 중개대상물의 중개를 의뢰하기 위해 특정한 개업공인중개사를 정하여 그 개업공인중개사에 한정하여 중개대상물을 중개하도록 하는 계약을 말한다.

② (×) 일반중개계약은 정보공개의무가 없다.

③ (×) 일반중개계약은 업무처리상황 통지의무가 없다.

④ (×) 전속중개계약서 표준서식을 사용하지 아니한 경우 업무정지사유에 해당한다.

04 **중개의뢰인 甲과 개업공인중개사 乙은 공인중개사법령에 따른 전속중개계약을 체결하고 전속중개계약서를 작성하였다. 이에 관한 설명으로 틀린 것은?** 제33회

① 甲과 乙이 전속중개계약의 유효기간을 4개월로 약정한 것은 유효하다.
② 乙은 전속중개계약서를 3년 동안 보존해야 한다.
③ 甲은 乙이 공인중개사법령상의 중개대상물 확인·설명의무를 이행하는 데 협조해야 한다.
④ 전속중개계약에 정하지 않은 사항에 대하여는 甲과 乙이 합의하여 별도로 정할 수 있다.
⑤ 전속중개계약의 유효기간 내에 甲이 스스로 발견한 상대방과 거래한 경우, 甲은 乙에게 지급해야 할 중개보수 전액을 위약금으로 지급해야 한다.

정답 ⑤

해설 전속중개계약의 유효기간 내에 甲이 스스로 발견한 상대방과 거래한 경우, 甲은 **중개보수 50% 범위 안에서 소요된 비용**을 乙에게 지급해야 한다.

05 **공인중개사법령상 중개의뢰인 甲과 개업공인중개사 乙의 중개계약에 관한 설명으로 옳은 것은?** 제34회

① 甲의 요청에 따라 乙이 일반중개계약서를 작성한 경우 그 계약서를 3년간 보존해야 한다.
② 일반중개계약은 표준이 되는 서식이 정해져 있다.
③ 전속중개계약은 법령이 정하는 계약서에 의하여야 하며, 乙이 서명 및 날인하되 소속공인중개사가 있는 경우 소속공인중개사가 함께 서명 및 날인해야 한다.
④ 전속중개계약의 유효기간은 甲과 乙이 별도로 정하더라도 3개월을 초과할 수 없다.
⑤ 전속중개계약을 체결한 甲이 그 유효기간 내에 스스로 발견한 상대방과 거래한 경우 중개보수에 해당하는 금액을 乙에게 위약금으로 지급해야 한다.

정답 ②

해설 ② (○) <u>일반중개계약서 표준서식이 있다. 다만, 일반중개계약서 표준서식 사용의무는 없다.</u>
① (×) 일반중개계약서는 보존의무가 없다.
③ (×) 소속공인중개사는 전속중개계약(시작단계)에 관여할 수 없다. 따라서 전속중개계약서에 서명 또는 날인하는 것이 아니다.
④ (×) 전속중개계약의 유효기간은 약정으로 달리 정할 수 있다.
⑤ (×) 전속중개계약의 유효기간 내에 스스로 발견한 상대방과 거래한 경우, 중개보수 50% 범위 안에서 소요된 비용을 지급해야 한다.

06 공인중개사법령상 개업공인중개사와 중개의뢰인의 중개계약에 관한 설명으로 <u>틀린</u> 것은?

제35회

① 일반중개계약은 계약서의 작성 없이도 체결할 수 있다.
② 전속중개계약을 체결하면서 유효기간을 3개월 미만으로 약정한 경우 그 유효기간은 3개월로 한다.
③ 전속중개계약을 체결한 개업공인중개사는 중개대상물의 권리자의 인적 사항에 관한 정보를 공개해서는 안 된다.
④ 중개의뢰인은 일반중개계약을 체결하면서 거래예정가격을 포함한 일반중개계약서의 작성을 요청할 수 있다.
⑤ 임대차에 대한 전속중개계약을 체결한 개업공인중개사는 중개의뢰인의 비공개 요청이 없어도 중개대상물의 공시지가를 공개하지 아니할 수 있다.

정답 ②

해설 전속중개계약을 체결하면서 유효기간을 3개월 미만으로 약정한 경우 약정한 기간이 유효기간이다. 예를 들어 유효기간을 2개월로 약정했으면 유효기간은 2개월이다.

07 **개업공인중개사가 주택을 임차하려는 중개의뢰인과 일반중개계약을 체결하면서 공인중개사법령상 표준서식인 일반중개계약서를 작성할 때 기재할 사항은?** 제33회

① 소유자 및 등기명의인
② 은행융자 · 권리금 · 제세공과금 등
③ 중개의뢰금액
④ 희망지역
⑤ 거래규제 및 공법상 제한사항

정답 ④
해설 <u>**주택을 임차**</u>하려는 중개의뢰인과 작성한 일반중개계약서는 <u>**권리취득용**</u>이다. 따라서 <u>**희망**</u>지역이 권리취득용 기재사항이다(취득용 ⇨ <u>**희망**</u>물건, <u>**희망**</u>가격, <u>**희망**</u>지역, <u>**희망**</u>조건).

08 **무주택자인 甲이 주택을 물색하여 매수하기 위해 개업공인중개사인 乙과 일반중개계약을 체결하고자 한다. 이 경우 공인중개사법령상 표준서식인 일반중개계약서에 기재하는 항목을 모두 고른 것은?** 제30회

ㄱ 소유자 및 등기명의인
ㄴ 희망지역
ㄷ 취득희망가격
ㄹ 거래규제 및 공법상 제한사항

① ㄷ
② ㄱ, ㄴ
③ ㄴ, ㄷ
④ ㄷ, ㄹ
⑤ ㄱ, ㄴ, ㄷ

정답 ③
해설 <u>**주택을 매수**</u>하려는 중개의뢰인과 작성한 일반중개계약서는 <u>**권리취득용**</u>이다. 따라서 <u>**희망**</u>지역, 취득<u>**희망**</u>가격이 권리취득용 기재사항이다.

09 **중개의뢰인 甲은 자신 소유의 X부동산에 대한 임대차계약을 위해 개업공인중개사 乙과 전속중개계약을 체결하였다. X부동산에 기존 임차인 丙, 저당권자 丁이 있는 경우 乙이 부동산거래정보망 또는 일간신문에 공개해야만 하는 중개대상물에 관한 정보를 모두 고른 것은?** (단, 중개의뢰인이 비공개 요청을 하지 않음) 제30회

㉠ 丙의 성명
㉡ 丁의 주소
㉢ X부동산의 공시지가
㉣ X부동산에 대한 일조(日照)·소음·진동 등 환경조건

① ㉣ ② ㉠, ㉡ ③ ㉢, ㉣
④ ㉠, ㉡, ㉣ ⑤ ㉠, ㉡, ㉢, ㉣

정답 ①

해설 ㉠ (×) 임차인(권리자)의 성명은 무조건 비공개 해야 한다.
㉡ (×) 저당권자(권리자)의 주소는 무조건 비공개 해야 한다.
㉢ (×) 임대차에서 공시지가는 공개하지 아니할 수 있다. 따라서 반드시 공개하는 것이 아니다.

10 **공인중개사법령상 '중개대상물의 확인·설명사항'과 '전속중개계약에 따라 부동산거래정보망에 공개해야 할 중개대상물에 관한 정보'에 공통으로 규정된 것을 모두 고른 것은?** 제32회

㉠ 공법상의 거래규제에 관한 사항
㉡ 벽면 및 도배의 상태
㉢ 일조·소음의 환경조건
㉣ 취득 시 부담해야 할 조세의 종류와 세율

① ㉠, ㉡ ② ㉢, ㉣ ③ ㉠, ㉡, ㉢
④ ㉡, ㉢, ㉣ ⑤ ㉠, ㉡, ㉢, ㉣

정답 ③

해설 ㉣ (×) **취**득 시 부담해야 할 조세의 종류와 세율(취**중**바닥토)은 공개해야 하는 정보가 아니다. 확인·설명사항에만 해당한다.

12 부동산거래정보망

01 공인중개사법령상 부동산거래정보망에 관한 설명으로 옳은 것은? 제24회

① 거래정보사업자로 지정받기 위하여 신청서를 제출하는 경우, 공인중개사자격증 원본을 첨부해야 한다.

② 국토교통부장관은 거래정보사업자 지정신청을 받은 날부터 14일 이내에 이를 검토하여 그 지정여부를 결정해야 한다.

③ 전속중개계약을 체결한 개업공인중개사가 부동산거래정보망에 임대 중인 중개대상물 정보를 공개하는 경우, 임차인의 성명을 공개해야 한다.

④ 거래정보사업자로 지정받은 법인이 해산하여 부동산거래정보망사업의 계속적인 운영이 불가능한 경우, 국토교통부장관은 청문을 거치지 않고 사업자 지정을 취소할 수 있다.

⑤ 거래정보사업자는 개업공인중개사로부터 의뢰받은 중개대상물의 정보뿐만 아니라 의뢰인의 이익을 위해 직접 조사한 중개대상물의 정보도 부동산거래정보망에 공개할 수 있다.

정답 ④

해설 ④ (○) 개인 사망과 법인 해산의 경우 청문을 제외한다.

① (×) 공인중개사자격증 사본을 첨부해야 한다(**국토교통부장관을 찾아간 경우니까**).

② (×) 14일 ⇨ **30일**

③ (×) 임차인(권리자)의 성명은 무조건 비공개해야 한다.

⑤ (×) 거래정보사업자는 **개업공인중개사로부터 의뢰받은 것만** 공개해야 한다.

02 **공인중개사법령상 부동산거래정보망의 지정 및 이용에 관한 설명으로 틀린 것은?** 제30회

① 국토교통부장관은 부동산거래정보망을 설치·운영할 자를 지정할 수 있다.
② 부동산거래정보망을 설치·운영할 자로 지정을 받을 수 있는 자는 「전기통신사업법」의 규정에 의한 부가통신사업자로서 국토교통부령이 정하는 요건을 갖춘 자이다.
③ 거래정보사업자는 지정받은 날부터 3개월 이내에 부동산거래정보망의 이용 및 정보제공방법 등에 관한 운영규정을 정하여 국토교통부장관의 승인을 얻어야 한다.
④ 거래정보사업자가 부동산거래정보망의 이용 및 정보제공방법 등에 관한 운영규정을 변경하고자 하는 경우 국토교통부장관의 승인을 얻어야 한다.
⑤ 거래정보사업자는 개업공인중개사로부터 공개를 의뢰받은 중개대상물의 정보를 개업공인중개사에 따라 차별적으로 공개할 수 있다.

정답 ⑤

해설 **차**별적으로 공개하면 지정을 취소할 수 있고, 1년 이하의 징역 또는 1천만원 이하의 벌금에 처한다(의의**차**).

03 **공인중개사법령상 부동산거래정보망을 설치·운영할 자로 지정받기 위한 요건의 일부이다. (　　)에 들어갈 내용으로 옳은 것은?** 제31회

- 부동산거래정보망의 가입·이용신청을 한 (㉠)의 수가 500명 이상이고, (㉡)개 이상의 특별시·광역시·도 및 특별자치도에서 각각 (㉢)인 이상의 (㉠)가 가입·이용신청을 하였을 것
- 정보처리기사 1명 이상을 확보할 것
- 공인중개사 (㉣)명 이상을 확보할 것

① ㉠: 공인중개사, ㉡: 2, ㉢: 20, ㉣: 1
② ㉠: 공인중개사, ㉡: 3, ㉢: 20, ㉣: 3
③ ㉠: 개업공인중개사, ㉡: 2, ㉢: 20, ㉣: 3
④ ㉠: 개업공인중개사, ㉡: 2, ㉢: 30, ㉣: 1
⑤ ㉠: 개업공인중개사, ㉡: 3, ㉢: 30, ㉣: 1

 ④

해설 • 부동산거래정보망의 가입·이용신청을 한 (개업공인중개사)의 수가 500명 이상이고 (2)개 이상의 특별시·광역시·도 및 특별자치도에서 각각 (30)인 이상의 (개업공인중개사)가 가입·이용신청을 하였을 것
• 공인중개사 (1)명 이상을 확보할 것

04 공인중개사법령상 부동산거래정보망의 지정 및 이용에 관한 설명으로 옳은 것은?

제35회

① 「전기통신사업법」의 규정에 의한 부가통신사업자가 아니어도 국토교통부령으로 정하는 요건을 갖추면 거래정보사업자로 지정받을 수 있다.

② 거래정보사업자로 지정받으려는 자는 공인중개사의 자격을 갖추어야 한다.

③ 거짓이나 그 밖의 부정한 방법으로 거래정보사업자로 지정받은 경우 그 지정은 무효이다.

④ 법인인 거래정보사업자의 해산으로 부동산거래정보망의 계속적인 운영이 불가능한 경우 국토교통부장관은 청문 없이 그 지정을 취소할 수 있다.

⑤ 부동산거래정보망에 정보가 공개된 중개대상물의 거래가 완성된 경우 개업공인중개사는 3개월 이내에 해당 거래정보사업자에서 이를 통보하여야 한다.

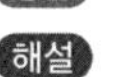 ④

해설 ① 「전기통신사업법」의 규정에 의한 부가통신사업자만 거래정보사업자로 지정받을 수 있다.
② 거래정보사업자로 지정받으려는 자는 공인중개사 1명 이상을 확보해야 한다. 따라서 반드시 거래정보사업자 본인이 공인중개사일 필요는 없다.
③ 거짓이나 그 밖의 부정한 방법으로 거래정보사업자로 지정받은 경우 그 지정은 유효이다(**단속규정**). 다만, 지정취소사유에 해당한다.
⑤ 부동산거래정보망에 정보가 공개된 중개대상물의 거래가 완성된 경우 개업공인중개사는 지체 없이 해당 거래정보사업자에서 이를 통보하여야 한다.

05 공인중개사법령상 거래정보사업자의 지정취소사유에 해당하는 것을 모두 고른 것은?

제31회

ㄱ 부동산거래정보망의 이용 및 정보제공방법 등에 관한 운영규정을 변경하고도 국토교통부장관의 승인을 받지 않고 부동산거래정보망을 운영한 경우
ㄴ 개업공인중개사로부터 공개를 의뢰받지 아니한 중개대상물 정보를 부동산거래정보망에 공개한 경우
ㄷ 정당한 사유 없이 지정받은 날부터 6개월 이내에 부동산거래정보망을 설치하지 아니한 경우
ㄹ 개인인 거래정보사업자가 사망한 경우
ㅁ 부동산거래정보망의 이용 및 정보제공방법 등에 관한 운영규정을 위반하여 부동산거래정보망을 운영한 경우

① ㄱ, ㄴ
② ㄷ, ㄹ
③ ㄱ, ㄴ, ㅁ
④ ㄱ, ㄴ, ㄹ, ㅁ
⑤ ㄱ, ㄴ, ㄷ, ㄹ, ㅁ

정답 ④

해설 ㄷ (×) 정당한 사유 없이 지정받은 날부터 **1년 이내**에 부동산거래정보망을 설치하지 아니한 경우

13 금지행위

01 **공인중개사법령상 3년 이하의 징역 또는 3천만원 이하의 벌금에 처해지는 개업공인중개사 등의 행위가 아닌 것은?** 제33회

① 관계 법령에서 양도가 금지된 부동산의 분양과 관련 있는 증서의 매매를 중개하는 행위
② 법정 중개보수를 초과하여 수수하는 행위
③ 중개의뢰인과 직접거래를 하는 행위
④ 거래당사자 쌍방을 대리하는 행위
⑤ 단체를 구성하여 특정 중개대상물에 대하여 중개를 제한하는 행위

정답 ②
해설 법정 중개보수를 초과하여 수수하는 행위는 1년 − 1천의 금지행위이다(명초판매).

02 **공인중개사법령상 누구든지 시세에 부당한 영향을 줄 목적으로 개업공인중개사 등의 업무를 방해해서는 아니 되는 행위를 모두 고른 것은?** 제35회

㉠ 중개의뢰인과 직접거래를 하는 행위
㉡ 안내문, 온라인 커뮤니티 등을 이용하여 특정 가격 이하로 중개를 의뢰하지 아니하도록 유도하는 행위
㉢ 정당한 사유 없이 개업공인중개사 등의 중개대상물에 대한 정당한 표시·광고 행위를 방해하는 행위
㉣ 단체를 구성하여 특정 중개대상물에 대하여 중개를 제한하거나 단체 구성원 이외의 자와 공동중개를 제한하는 행위

① ㉠, ㉢
② ㉠, ㉣
③ ㉡, ㉢
④ ㉠, ㉡, ㉣
⑤ ㉡, ㉢, ㉣

정답 ③

해설 ㉠ (×) 중개의뢰인과 직접거래를 하는 행위(법 제33조 제1항의 금지행위, 증거조작단)
㉡ (○) 안내문, 온라인 커뮤니티 등을 이용하여 특정 가격 이하로 중개를 의뢰하지 아니하도록 유도하는 행위(법 제33조 제2항의 금지행위, 제유해)
㉢ (○) 정당한 사유 없이 개업공인중개사 등의 중개대상물에 대한 정당한 표시·광고 행위를 방해하는 행위(법 제33조 제2항의 금지행위, 제유해)
㉣ (×) 단체를 구성하여 특정 중개대상물에 대하여 중개를 제한하거나 단체 구성원 이외의 자와 공동중개를 제한하는 행위(법 제33조 제1항의 금지행위, 증거조작단)

03 공인중개사법령상 개업공인중개사 등의 금지행위에 해당하지 않는 것은? 제31회

① 무등록 중개업을 영위하는 자인 사실을 알면서 그를 통하여 중개를 의뢰받는 행위
② 부동산의 매매를 중개한 개업공인중개사가 해당 부동산을 다른 개업공인중개사의 중개를 통하여 임차한 행위
③ 자기의 중개의뢰인과 직접거래를 하는 행위
④ 제3자에게 부당한 이익을 얻게 할 목적으로 거짓으로 거래가 완료된 것처럼 꾸미는 등 중개대상물의 시세에 부당한 영향을 줄 우려가 있는 행위
⑤ 단체를 구성하여 단체 구성원 이외의 자와 공동중개를 제한하는 행위

정답 ②

해설 ② (×) 다른 개업공인중개사의 중개를 통하여 임차한 행위는 금지행위에 해당하지 않는다.
④ (○) 꾸미는 것 = 조작하는 것은 시세에 영향을 줄 우려만 있어도 금지행위에 해당한다.
⑤ (○) 단체를 구성하여 단체 구성원 이외의 자와 공동중개를 제한하는 행위는 단체를 구성하여 담합하는 행위로서 금지행위에 해당한다.

04 **공인중개사법령상 개업공인중개사의 금지행위에 해당하지 않는 것은?** (다툼이 있으면 판례에 따름) 제28회

① 중개사무소 개설등록을 하지 않고 중개업을 영위하는 자인 사실을 알면서 그를 통하여 중개를 의뢰받는 행위

② 사례금 명목으로 법령이 정한 한도를 초과하여 중개보수를 받는 행위

③ 관계 법령에서 양도·알선 등이 금지된 부동산의 분양과 관련 있는 증서의 매매를 중개하는 행위

④ 법인 아닌 개업공인중개사가 중개대상물 외 건축자재의 매매를 업으로 하는 행위

⑤ 중개의뢰인이 중간생략등기의 방법으로 전매하여 세금을 포탈하려는 것을 개업공인중개사가 알고도 투기목적의 전매를 중개하였으나, 전매차익이 발생하지 않은 경우 그 중개행위

정답 ④

해설 ④ (×) 건축자재는 아무 것도 아니므로 금지행위에 해당하지 않는다.
① (○) 무등록 중개업자와 협력행위로서 1년 - 1천의 금지행위에 해당한다.
② (○) 초과보수 금지행위로서 1년 - 1천의 금지행위에 해당한다.
③ (○) 금지증서의 매매를 중개하는 것은 3년 - 3천의 금지행위에 해당한다.
⑤ (○) 투기조장행위로서 3년 - 3천의 금지행위에 해당한다.

05 **공인중개사법령상 개업공인중개사 등의 금지행위에 관한 설명으로 틀린 것은?** (다툼이 있으면 판례에 따름) 제29회

① 중개대상물의 매매를 업으로 하는 행위는 금지행위에 해당한다.

② 아파트의 특정 동·호수에 대한 분양계약이 체결된 후 그 분양권의 매매를 중개한 것은 금지행위에 해당하지 않는다.

③ 상가 전부의 매도시에 사용하려고 매각조건 등을 기재하여 인쇄해 놓은 양식에 매매대금과 지급기일 등 해당 사항을 기재한 분양계약서는 양도·알선 등이 금지된 부동산의 분양 등과 관련 있는 증서에 해당하지 않는다.

④ 개업공인중개사가 중개의뢰인과 직접거래를 하는 행위를 금지하는 규정은 효력규정이다.

⑤ 탈세 등 관계 법령을 위반할 목적으로 미등기 부동산의 매매를 중개하여 부동산투기를 조장하는 행위는 금지행위에 해당한다.

정답 ④

해설 ④ (×) 직접거래 금지행위는 단속규정이다. 따라서 중개의뢰인과 거래해도 그 거래계약은 유효이다.

② (○) 분양권은 중개대상물로서 매매를 중개하는 것은 금지행위에 해당하지 않는다.

③ (○) 상가분양계약서는 금지 증서도 아니고, 중개대상물도 아니다.

06 **「공인중개사법」 제33조 제1항의 금지행위에 관한 설명으로 옳은 것은?** 제30회

① 법인인 개업공인중개사의 사원이 중개대상물의 매매를 업으로 하는 것은 금지되지 않는다.

② 개업공인중개사가 거래당사자 쌍방을 대리하는 것은 금지되지 않는다.

③ 개업공인중개사가 중개의뢰인과 직접거래를 하는 행위는 금지된다.

④ 법인인 개업공인중개사의 임원이 중개의뢰인과 직접거래를 하는 것은 금지되지 않는다.

⑤ 중개보조원이 중개의뢰인과 직접거래를 하는 것은 금지되지 않는다.

정답 ③

해설 ③ (○) 중개의뢰인과 직접거래를 하는 것은 개업공인중개사 등에게 적용되므로 개업공인중개사에게도 적용된다. 따라서 금지행위에 해당한다.

① (×) 중개대상물의 매매를 업으로 하는 것은 개업공인중개사 등에게 적용되므로 법인인 개업공인중개사의 사원에게도 적용된다. 따라서 금지행위에 해당한다.

② (×) 거래당사자 쌍방을 대리하는 것은 개업공인중개사 등에게 적용되므로 개업공인중개사에게도 적용된다. 따라서 금지행위에 해당한다.

④⑤ (×) 중개의뢰인과 직접거래를 하는 것은 개업공인중개사 등에게 적용되므로 법인인 개업공인중개사의 임원, 중개보조원에게도 적용된다. 따라서 법인인 개업공인중개사의 임원, 중개보조원 모두 금지행위에 해당한다.

07 **공인중개사법령상 개업공인중개사의 금지행위에 해당하는 것을 모두 고른 것은? (다툼이 있으면 판례에 따름)** 제27회

> ㉠ 중개의뢰인을 대리하여 타인에게 중개대상물을 임대하는 행위
> ㉡ 상업용 건축물의 분양을 대행하고 법정의 중개보수 또는 실비를 초과하여 금품을 받는 행위
> ㉢ 중개의뢰인이 소유자로부터 거래에 관한 대리권을 수여받은 대리인과 중개대상물을 직접거래하는 행위
> ㉣ 건축물의 매매를 업으로 하는 행위

① ㉠, ㉡ ② ㉢, ㉣ ③ ㉠, ㉡, ㉣
④ ㉠, ㉢, ㉣ ⑤ ㉡, ㉢, ㉣

정답 ②

해설 ㉠ (×) 일방대리이므로 금지행위가 아니다.
㉡ (×) 분양대행은 중개업이 아니므로 초과보수 금지행위가 아니다.
㉢ (○) 중개의뢰인의 대리인과 거래해도 직접거래 금지행위이다.
㉣ (○) 중개대상물의 매매를 업으로 하는 금지행위이다.

08 **공인중개사법령상 소속공인중개사에게 금지되는 행위를 모두 고른 것은?** 제34회

> ㉠ 공인중개사 명칭을 사용하는 행위
> ㉡ 중개대상물에 대한 표시·광고를 하는 행위
> ㉢ 중개대상물의 매매를 업으로 하는 행위
> ㉣ 시세에 부당한 영향을 줄 목적으로 온라인 커뮤니티 등을 이용하여 특정 가격 이하로 중개를 의뢰하지 아니하도록 유도함으로써 개업공인중개사의 업무를 방해하는 행위

① ㉠, ㉡ ② ㉡, ㉣ ③ ㉢, ㉣
④ ㉡, ㉢, ㉣ ⑤ ㉠, ㉡, ㉢, ㉣

정답 ④

해설 ㉡ (○) **소속공인중개사도 개업공인중개사가 아닌 자니까** 중개대상물에 대한 표시·광고를 하는 행위를 해서는 아니 된다.

㉢ (○) 중개대상물의 매매를 업으로 하는 행위도 소속공인중개사에게 적용되므로 해서는 아니 된다.

㉣ (○) 시세에 부당한 영향을 줄 목적으로 온라인 커뮤니티 등을 이용하여 특정 가격 이하로 중개를 의뢰하지 아니하도록 유도함으로써 개업공인중개사의 업무를 방해하는 행위는 **누구든지 적용되므로** 소속공인중개사도 해서는 아니 된다.

09 공인중개사법령상 벌칙 부과대상 행위 중 피해자의 명시한 의사에 반하여 벌하지 않는 경우는? 제32회

① 거래정보사업자가 개업공인중개사로부터 의뢰받은 내용과 다르게 중개대상물의 정보를 부동산거래정보망에 공개한 경우

② 개업공인중개사가 그 업무상 알게 된 비밀을 누설한 경우

③ 개업공인중개사가 중개의뢰인으로부터 법령으로 정한 보수를 초과하여 금품을 받은 경우

④ 시세에 부당한 영향을 줄 목적으로 개업공인중개사에게 중개대상물을 시세보다 현저하게 높게 표시·광고하도록 강요하는 방법으로 개업공인중개사의 업무를 방해한 경우

⑤ 개업공인중개사가 단체를 구성하여 단체 구성원 이외의 자와 공동중개를 제한한 경우

정답 ②

해설 피해자의 명시한 의사에 반하여 벌하지 않는 경우 = 반의사불벌죄, 업무상 **비**밀을 누설한 경우만 **반**의사불벌죄에 해당한다(ㅂ ㅡ ㅂ).

14 확인·설명과 거래계약서 작성

01 **공인중개사법령상 공인중개사인 개업공인중개사 등의 중개대상물 확인·설명에 관한 내용으로 옳은 것을 모두 고른 것은?** 제28회

㉠ 시장·학교와의 근접성 등 중개대상물의 입지조건은 개업공인중개사가 확인·설명해야 하는 사항에 해당한다.
㉡ 개업공인중개사가 중개대상물확인·설명서의 원본, 사본, 또는 전자문서를 보존해야 할 기간은 5년이다.
㉢ 해당 중개행위를 한 소속공인중개사가 있는 경우, 확인·설명서에는 개업공인중개사와 그 소속공인중개사가 함께 서명 및 날인해야 한다.
㉣ 중개업무를 수행하는 소속공인중개사가 성실·정확하게 중개대상물의 확인·설명을 하지 않은 것은 소속공인중개사의 자격정지사유에 해당한다.

① ㉠, ㉡ ② ㉠, ㉣ ③ ㉡, ㉢
④ ㉠, ㉢, ㉣ ⑤ ㉡, ㉢, ㉣

정답 ④

해설 ㉡ (×) 개업공인중개사가 중개대상물확인·설명서의 원본, 사본 또는 전자문서를 보존해야 할 기간은 3년이다.
㉣ (○) <u>성실·정확하게 중개대상물의 확인·설명을 하지 않은 것 = 확인·설명을 똑바로 못한 것</u>이므로 소속공인중개사의 자격정지사유에 해당한다.

02 **공인중개사법령상 개업공인중개사 甲의 중개대상물 확인·설명에 관한 내용으로 <u>틀린</u> 것은?** (다툼이 있으면 판례에 따름) 제29회

① 甲은 중개가 완성되어 거래계약서를 작성하는 때에는 중개대상물확인·설명서를 작성해야 한다.
② 甲은 작성된 중개대상물확인·설명서를 거래당사자 모두에게 교부해야 한다.
③ 甲은 중개보수 및 실비의 금액과 그 산출내역을 확인·설명해야 한다.
④ 甲은 임대의뢰인이 중개대상물의 상태에 관한 자료요구에 불응한 경우 그 사실을 중개대상물확인·설명서에 기재할 의무가 없다.
⑤ 甲은 상가건물의 임차권 양도계약을 중개할 경우 양수의뢰인이 「상가건물 임대차보호법」에서 정한 대항력, 우선변제권 등의 보호를 받을 수 있는지를 확인·설명할 의무가 있다.

정답 ④

해설 ④ (×) 임대의뢰인이 중개대상물의 상태에 관한 자료요구에 불응한 경우 그 사실을 임차의뢰인에게 설명하고, 중개대상물확인·설명서에 기재해야 한다(**불응 시 설명 + 기재**).

⑤ (○) 법령에 규정이 없더라도 중개의뢰인에게 필요한 것이라면 설명을 해야 한다. 따라서 임대차에서 대항력, 우선변제권 등도 설명해야 한다.

03 공인중개사법령상 중개대상물의 확인·설명에 관한 내용으로 옳은 것은? (다툼이 있으면 판례에 따름) 제30회

① 개업공인중개사는 선량한 관리자의 주의로 중개대상물의 권리관계 등을 조사·확인하여 중개의뢰인에게 설명할 의무가 있다.

② 2명의 개업공인중개사가 공동중개한 경우 중개대상물확인·설명서에는 공동중개한 개업공인중개사 중 1인만 서명·날인하면 된다.

③ 개업공인중개사는 중개대상물에 대한 확인·설명을 중개가 완성된 후 해야 한다.

④ 중개보조원은 중개의뢰인에게 중개대상물의 확인·설명의무를 진다.

⑤ 개업공인중개사는 중개대상물확인·설명서를 작성하여 거래당사자에게 교부하고 그 원본을 5년간 보존하여야 한다.

정답 ①

해설 ① (○) 위임과 유사하므로 개업공인중개사에게는 선관주의 의무가 있다.

② (×) 참여한 모든 개업공인중개사가 서명·날인해야 한다(서명 및 날인 = 서명·날인).

③ (×) 개업공인중개사는 중개대상물에 대한 확인·설명을 중개완성 전에 해야 한다.

④ (×) 중개보조원은 중개대상물에 대한 확인·설명 권한과 의무가 없다.

⑤ (×) 개업공인중개사는 중개대상물확인·설명서를 작성하여 거래당사자에게 교부하고 그 원본, 사본 또는 전자문서를 3년간 보존하여야 한다(공인전자문서센터에 보관된 경우는 제외).

04 **공인중개사법령상 개업공인중개사 甲의 중개대상물 확인·설명에 관한 설명으로 틀린 것은?** (다툼이 있으면 판례에 따름) 제34회

① 甲은 중개가 완성되어 거래계약서를 작성하는 때에 중개대상물확인·설명서를 작성하여 거래당사자에게 교부해야 한다.

② 甲은 중개대상물에 근저당권이 설정된 경우, 실제의 피담보채무액을 조사·확인하여 설명할 의무가 있다.

③ 甲은 중개대상물의 범위 외의 물건이나 권리 또는 지위를 중개하는 경우에도 선량한 관리자의 주의로 권리관계 등을 조사·확인하여 설명할 의무가 있다.

④ 甲은 자기가 조사·확인하여 설명할 의무가 없는 사항이라도 중개의뢰인이 계약을 맺을지를 결정하는 데 중요한 것이라면 그에 관해 그릇된 정보를 제공해서는 안 된다.

⑤ 甲이 성실·정확하게 중개대상물의 확인·설명을 하지 않거나 설명의 근거자료를 제시하지 않은 경우 500만원 이하의 과태료 부과사유에 해당한다.

정답 ②

해설 근저당권이 설정된 경우 채권최고액만 확인하면 된다. 실제 채무액을 확인할 의무가 없다. 다만, '채무인수조건'이라는 말이 보이면 실제 채무액도 확인한다.

05 **공인중개사법령상 내용으로 옳은 것은?** 제31회

① 중개보조원은 중개대상물에 관한 확인·설명의무가 있다.

② 소속공인중개사는 그 소속 개업공인중개사인 법인의 임원이 될 수 없다.

③ 외국인은 공인중개사가 될 수 없다.

④ 개업공인중개사가 성실·정확하게 중개대상물의 확인·설명을 하지 않은 경우 과태료 처분사유에 해당한다.

⑤ 토지이용계획은 주거용 건축물 매매계약의 중개 의뢰를 받은 개업공인중개사가 확인·설명해야 할 사항에 포함되지 않는다.

정답 ④

해설 ① 중개보조원은 중개대상물에 관한 확인·설명의무가 없다.
② 소속공인중개사는 그 소속 개업공인중개사인 법인의 임원이 될 수 있다. 그러나 다른 개업공인중개사인 법인의 임원이 될 수는 없다.
③ 외국인도 공인중개사가 될 수 있다.
⑤ **토**지이용계획은 확인·설명해야 할 사항에 포함된다(취중바닥**토**). 그러나 전속중개계약을 체결하고 공개해야 할 정보는 아니다.

06 개업공인중개사 甲이 공인중개사법령에 따라 거래계약서를 작성하고자 한다. 이에 관한 설명으로 틀린 것은? (다툼이 있으면 판례에 따름) 제28회

① 甲은 중개대상물에 대하여 중개가 완성된 때에만 거래계약서를 작성·교부해야 한다.
② 甲이 작성하여 거래당사자에게 교부한 거래계약서의 보존해야 할 기간(공인전자문서센터에 보관된 경우는 제외함)은 5년이다.
③ 공동중개의 경우, 甲과 참여한 개업공인중개사 모두 거래계약서에 서명 또는 날인해야 한다.
④ 계약의 조건이 있는 경우, 그 조건은 거래계약서에 기재해야 할 사항이다.
⑤ 국토교통부장관은 개업공인중개사가 작성하는 거래계약서의 표준이 되는 서식을 정하여 그 사용을 권장할 수 있다.

정답 ③

해설 ③ (×) 공동중개의 경우, 甲과 참여한 개업공인중개사 모두 거래계약서에 서명 **및** 날인해야 한다.
④ (○) 조건과 기한은 있는 경우에만 거래계약서에 기재해야 할 사항이다.
⑤ (○) 국토교통부장관은 개업공인중개사가 작성하는 거래계약서의 표준이 되는 서식을 정하여 그 사용을 권장할 수 있다. 그러나 현재 공인중개사법령상 표준서식이 없다.

07 **공인중개사법령상 개업공인중개사가 거래계약서를 작성하는 경우에 관한 설명으로 틀린 것은?** (다툼이 있으면 판례에 따름) 제31회

① 개업공인중개사는 중개가 완성된 때에만 거래계약서를 작성·교부하여야 한다.

② 개업공인중개사는 거래계약서에 서명 및 날인하여야 한다.

③ 중개대상물확인·설명서 교부일자는 거래계약서의 필수 기재사항에 해당한다.

④ 개업공인중개사의 거래계약서 보존기간(공인전자문서센터에 보관된 경우는 제외함)은 5년이다.

⑤ 개업공인중개사가 하나의 거래계약에 대하여 서로 다른 둘 이상의 거래계약서를 작성한 경우, 등록관청은 중개사무소의 개설등록을 취소하여야 한다.

정답 ⑤

해설 개업공인중개사가 하나의 거래계약에 대하여 서로 다른 둘 이상의 거래계약서를 작성한 경우(= 이중계약서를 작성한 경우), 등록관청은 중개사무소의 개설등록을 취소할 수 있다.

08 **공인중개사법령상 중개행위 등에 관한 설명으로 옳은 것은?** (다툼이 있으면 판례에 따름) 제32회

① 중개행위에 해당하는지 여부는 개업공인중개사의 행위를 객관적으로 보아 판단할 것이 아니라 개업공인중개사의 주관적 의사를 기준으로 판단해야 한다.

② 임대차계약을 알선한 개업공인중개사가 계약 체결 후에도 목적물의 인도 등 거래당사자의 계약상 의무의 실현에 관여함으로써 계약상 의무가 원만하게 이행되도록 주선할 것이 예정되어 있는 경우, 그러한 개업공인중개사의 행위는 사회통념상 중개행위의 범주에 포함된다.

③ 소속공인중개사는 자신의 중개사무소 개설등록을 신청할 수 있다.

④ 개업공인중개사는 거래계약서를 작성하는 경우 거래계약서에 서명하거나 날인하면 된다.

⑤ 개업공인중개사가 국토교통부장관이 정한 거래계약서 표준서식을 사용하지 않는 경우 과태료부과처분을 받게 된다.

 ②

해설 ② (○) 이행에 관여하는 것(중도금, 잔금의 지급에 관여하는 것)도 중개행위에 포함된다.
① (×) 중개행위는 주관적 의사는 고려하지 않고 객관적으로 판단한다.
③ (×) 소속공인중개사는 등록신청을 할 수 없다.
④ (×) 개업공인중개사는 거래계약서에 서명 및 날인을 해야 한다.
⑤ (×) 거래계약서는 표준서식이 없어서 사용하지 않아도 제재를 받지 않는다.

09 공인중개사법령상 개업공인중개사의 거래계약서 작성 등에 관한 설명으로 옳은 것은?

제33회

① 개업공인중개사가 국토교통부장관이 정하는 거래계약서 표준서식을 사용하지 아니한 경우, 시·도지사는 그 자격을 취소해야 한다.
② 중개대상물확인·설명서 교부일자는 거래계약서에 기재해야 하는 사항이다.
③ 하나의 거래계약에 대하여 서로 다른 둘 이상의 거래계약서를 작성한 경우, 시·도지사는 3개월의 범위 안에서 그 업무를 정지해야 한다.
④ 중개행위를 한 소속공인중개사가 거래계약서를 작성하는 경우, 그 소속공인중개사가 거래계약서에 서명 및 날인하여야 하며 개업공인중개사는 서명 및 날인의무가 없다.
⑤ 거래계약서가 「전자문서 및 전자거래 기본법」에 따른 공인전자문서센터에 보관된 경우 3년간 그 사본을 보존해야 한다.

 ②

해설 ① 거래계약서는 표준서식이 없어서 사용하지 않아도 제재를 받지 않는다.
③ <u>이</u>중계약서는 <u>임</u>의적 등록취소사유에 해당하므로 업무정지가 가능하다. 업무정지는 6개월의 범위 안에서 그 <u>업무를 정지할 수 있다(임의적)</u>.
④ 개업공인중개사는 중개완성 시 무조건 서명 및 날인해야 한다.
⑤ 거래계약서가 「전자문서 및 전자거래 기본법」에 따른 공인전자문서센터에 보관된 경우 중개사무소에 별도로 보존을 하지 않아도 된다.

10 **공인중개사법령상 개업공인중개사가 중개를 완성한 때에 작성하는 거래계약서에 기재하여야 하는 사항을 모두 고른 것은?** 제35회

> ㉠ 권리이전의 내용
> ㉡ 물건의 인도일시
> ㉢ 계약의 조건이나 기한이 있는 경우에는 그 조건 또는 기한
> ㉣ 중개대상물확인·설명서 교부일자

① ㉠, ㉣ ② ㉡, ㉢ ③ ㉠, ㉡, ㉢
④ ㉠, ㉡, ㉣ ⑤ ㉠, ㉡, ㉢, ㉣

정답 ⑤

해설 ㉠ (○) 권리이전의 내용(인**권**서약)
㉡ (○) 물건의 인도일시(**인**권서약)
㉢ (○) 계약의 조건이나 기한이 있는 경우에는 그 조건 또는 기한
㉣ (○) 중개대상물확인·설명서 교부일자(인권**서**약)

15 손해배상책임

01 공인중개사법령상 개업공인중개사의 손해배상책임의 보장에 관한 설명으로 틀린 것은? (다툼이 있으면 판례에 따름) 제29회

① 개업공인중개사 등이 아닌 제3자의 중개행위로 거래당사자에게 재산상 손해가 발생한 경우 그 제3자는 이 법에 따른 손해배상책임을 진다.

② 부동산 매매계약을 중개하고 계약금 및 중도금 지급에도 관여한 개업공인중개사가 잔금 중 일부를 횡령한 경우 이 법에 따른 손해배상책임이 있다.

③ 개업공인중개사는 업무를 개시하기 전에 손해배상책임을 보장하기 위하여 법령이 정한 조치를 하여야 한다.

④ 개업공인중개사가 자기의 중개사무소를 다른 사람의 중개행위 장소로 제공함으로써 거래당사자에게 재산상 손해가 발생한 경우 그 손해를 배상할 책임이 있다.

⑤ 손해배상책임의 보장을 위한 공탁금은 개업공인중개사가 폐업 또는 사망한 날부터 3년 이내에는 회수할 수 없다.

정답 ①

해설 ① (×) 공인중개사법상 손해배상책임은 개업공인중개사 등에게 적용되므로 중개보조원까지는 적용되지만 제3자인 일반인은 적용되지 않는다.

② (○) 중개행위는 객관적으로 판단하므로 넓게 본다. 따라서 개업공인중개사가 잔금 중 일부를 횡령한 것도 중개행위에 해당한다.

③ (○) 손해배상책임을 보장하기 위하여 법령이 정한 조치 = 업무보증은 업무개시 전까지 해야 한다.

02 **공인중개사법령상 개업공인중개사 甲의 손해배상책임의 보장에 관한 설명으로 틀린 것은?** 제31회

① 甲은 업무를 개시하기 전에 손해배상책임을 보장하기 위하여 보증보험 또는 공제에 가입하거나 공탁을 해야 한다.

② 甲이 설정한 보증을 다른 보증으로 변경하려는 경우 이미 설정한 보증의 효력이 있는 기간 중에 다른 보증을 설정하여야 한다.

③ 甲이 보증보험 또는 공제에 가입한 경우 보증기간의 만료로 다시 보증을 설정하려면, 그 보증기간 만료일까지 다시 보증을 설정하여야 한다.

④ 甲이 손해배상책임을 보장하기 위한 조치를 이행하지 아니하고 업무를 개시한 경우 등록관청은 개설등록을 취소할 수 있다.

⑤ 甲이 공제금으로 손해배상을 한 때에는 30일 이내에 공제에 다시 가입하여야 한다.

정답 ⑤

해설 ⑤ (×) 공제금으로 손해배상을 한 때에는 **15일 이내**에 공제에 다시 가입하여야 한다.
③ (○) 기간만료 후 재설정은 **보증기간 만료일까지** 다시 보증을 설정하여야 한다.

03 **공인중개사법령상 손해배상책임의 보장에 관한 설명으로 틀린 것은?** 제32회

① 개업공인중개사는 중개가 완성된 때에는 거래당사자에게 손해배상책임의 보장기간을 설명해야 한다.

② 개업공인중개사는 고의로 거래당사자에게 손해를 입힌 경우에는 재산상의 손해뿐만 아니라 비재산적 손해에 대해서도 공인중개사법령상 손해배상책임 보장규정에 의해 배상할 책임이 있다.

③ 개업공인중개사가 자기의 중개사무소를 다른 사람의 중개행위의 장소로 제공하여 거래당사자에게 재산상의 손해를 발생하게 한 때에는 그 손해를 배상할 책임이 있다.

④ 법인인 개업공인중개사가 분사무소를 두는 경우 분사무소마다 추가로 2억원 이상의 손해배상책임의 보증설정을 해야 하나 보장금액의 상한은 없다.

⑤ 다른 법률의 규정에 따라 중개업을 할 수 있는 자가 부동산중개업을 하는 경우 보증기관에 설정하는 손해배상책임 보증의 최저보장금액은 개업공인중개사의 최저보장금액과 다르다.

정답 ②

해설 ② (×) 공인중개사법은 재산상의 손해만 규정이 있다. 비재산적 손해(정신적 손해)에 대해서도 공인중개사법령상 손해배상책임보장규정에 의해 배상할 책임이 없다.

⑤ (○) **다른 법률의 규정에 따라 중개업을 할 수 있는 자(특수법인)**의 최저보장금액(하한선)은 **2천만원 이상**이므로 법인인 개업공인중개사 4억원 이상, 개인인 개업공인중개사 2억원 이상과 다르다.

04 공인중개사법령상 개업공인중개사의 보증설정 등에 관한 설명으로 옳은 것은?

제32회

① 개업공인중개사가 보증설정신고를 할 때 등록관청에 제출해야 할 증명서류는 전자문서로 제출할 수 없다.

② 보증기관이 보증사실을 등록관청에 직접 통보한 경우라도 개업공인중개사는 등록관청에 보증설정신고를 해야 한다.

③ 보증을 다른 보증으로 변경하려면 이미 설정된 보증의 효력이 있는 기간이 지난 후에 다른 보증을 설정해야 한다.

④ 보증변경신고를 할 때 손해배상책임보증 변경신고서 서식의 "보증"란에 '변경 후 보증내용'을 기재한다.

⑤ 개업공인중개사가 보증보험금으로 손해배상을 한 때에는 그 보증보험의 금액을 보전해야 하며 다른 공제에 가입할 수 없다.

정답 ④

해설 ④ (○) 손해배상책임보증 변경신고서 서식의 **"보증"란에 '변경 후 보증내용'**을 기재한다. **'변경 전 보증'은 '변경 전 보증내용'**에 기재한다.

① (×) 개업공인중개사가 보증설정신고를 할 때 등록관청에 제출해야 할 증명서류는 전자문서로 제출할 수 있다.

② (×) 보증기관이 보증사실을 등록관청에 직접 통보한 경우 보증설정신고를 생략할 수 있다.

③ (×) 보증을 변경하는 경우 겹치게 변경하는 것이지 기간만료 후 즉시 변경하는 것이 아니다.

⑤ (×) 개업공인중개사가 보증보험금으로 손해배상을 한 때에는 보증보험에 다시 가입하거나 다른 공제에 가입할 수도 있다.

05 **공인중개사법령상 (　　)에 들어갈 숫자가 큰 것부터 작은 것 순으로 옳게 나열된 것은?** 제33회

> • 개업공인중개사가 공제금으로 손해배상을 한 때에는 (㉠)일 이내에 공제에 다시 가입해야 한다.
> • 개업공인중개사가 등록한 인장을 변경한 경우 변경일부터 (㉡)일 이내에 그 변경된 인장을 등록관청에 등록해야 한다.
> • 개업공인중개사는 중개사무소를 이전한 때에는 이전한 날부터 (㉢)일 이내에 국토교통부령으로 정하는 바에 따라 등록관청에 이전사실을 신고해야 한다.

① ㉠ - ㉢ - ㉡　　② ㉡ - ㉠ - ㉢　　③ ㉡ - ㉢ - ㉠
④ ㉢ - ㉠ - ㉡　　⑤ ㉢ - ㉡ - ㉠

정답 ①

해설
• 개업공인중개사가 공제금으로 손해배상을 한 때에는 (15)일 이내에 공제에 다시 가입해야 한다.
• 개업공인중개사가 등록한 인장을 변경한 경우 변경일부터 (7)일 이내에 그 변경된 인장을 등록관청에 등록해야 한다.
• 개업공인중개사는 중개사무소를 이전한 때에는 이전한 날부터 (10)일 이내에 국토교통부령으로 정하는 바에 따라 등록관청에 이전사실을 신고해야 한다.

06 **공인중개사법령상 공인중개사인 개업공인중개사 甲의 손해배상책임의 보장에 관한 설명으로 틀린 것은?** 제34회

① 甲은 업무를 시작하기 전에 손해배상책임을 보장하기 위한 조치를 하여야 한다.
② 甲은 2억원 이상의 금액을 보장하는 보증보험 또는 공제에 가입하거나 공탁을 해야 한다.
③ 甲은 보증보험금·공제금 또는 공탁금으로 손해배상을 한 때에는 15일 이내에 보증보험 또는 공제에 다시 가입하거나 공탁금 중 부족하게 된 금액을 보전해야 한다.
④ 甲이 손해배상책임을 보장하기 위한 조치를 이행하지 아니하고 업무를 개시한 경우는 업무정지사유에 해당하지 않는다.
⑤ 甲은 자기의 중개사무소를 다른 사람의 중개행위의 장소로 제공함으로써 거래당사자에게 재산상의 손해를 발생하게 한 때에는 그 손해를 배상할 책임이 있다.

정답 ④

해설 손해배상책임을 보장하기 위한 조치를 이행하지 아니하고 업무를 개시한 경우는 임의적 등록취소사유에 해당한다. 임의적 등록취소는 두 가지가 맞는 표현이다. 등록을 취소할 수 있다.(○) 업무의 정지를 명할 수 있다.(○) ⇨ 따라서 업무정지사유에 해당한다.

16 계약금 등 반환채무이행의 보장

01 공인중개사법령상 계약금 등의 반환채무이행의 보장 등에 관한 설명으로 틀린 것은?

제30회

① 개업공인중개사는 거래의 안전을 보장하기 위하여 필요하다고 인정하는 경우, 계약금 등을 예치하도록 거래당사자에게 권고할 수 있다.

② 예치대상은 계약금·중도금 또는 잔금이다.

③ 「보험업법」에 따른 보험회사는 계약금 등의 예치명의자가 될 수 있다.

④ 개업공인중개사는 거래당사자에게 공인중개사법에 따른 공제사업을 하는 자의 명의로 계약금 등을 예치하도록 권고할 수 없다.

⑤ 개업공인중개사는 계약금 등을 자기 명의로 금융기관 등에 예치하는 경우 자기 소유의 예치금과 분리하여 관리될 수 있도록 하여야 한다.

정답 ④

해설 ④ (×) **공**제사업을 하는 자(공인중개사협회)는 예치명의자도 되고, 예치기관도 된다(은**공**체보신).

① (○) 예치권고제도이다. 따라서 개업공인중개사가 거래당사자에게 예치를 권고할 수 있다.

② (○) 잔금도 떼일 수 있어서 예치할 수 있다.

③ (○) **보**험회사는 예치명의자도 되고, 예치기관도 된다(은공체**보**신).

⑤ (○) 개업공인중개사가 자기 명의로 금융기관 등에 예치하는 경우 분리관리해야 한다(의무이다).

02 **공인중개사법령상 계약금 등을 예치하는 경우 예치명의자가 될 수 있는 자를 모두 고른 것은?** 제34회

> ㉠ 「보험업법」에 따른 보험회사
> ㉡ 「자본시장과 금융투자업에 관한 법률」에 따른 투자중개업자
> ㉢ 「자본시장과 금융투자업에 관한 법률」에 따른 신탁업자
> ㉣ 「한국지방재정공제회법」에 따른 한국지방재정공제회

① ㉠　　② ㉠, ㉢　　③ ㉠, ㉡, ㉢
④ ㉡, ㉢, ㉣　　⑤ ㉠, ㉡, ㉢, ㉣

정답 ②

해설 ㉡ (×) 「자본시장과 금융투자업에 관한 법률」에 따른 투자중개업자는 주식이나 펀드 투자중개업자이므로 안 된다.
㉣ (×) 「한국지방재정공제회법」에 따른 한국지방재정공제회가 아니라 **공제사업을 하는 자(공인중개사협회)**가 예치명의자가 될 수 있다.

03 **공인중개사법령상 개업공인중개사가 계약금 등을 금융기관에 예치하도록 거래당사자에게 권고하는 경우 예치명의자가 될 수 없는 자는?** 제35회

① 개업공인중개사
② 거래당사자 중 일방
③ 부동산 거래계약의 이행을 보장하기 위하여 계약 관련서류 및 계약금등을 관리하는 업무를 수행하는 전문회사
④ 국토교통부장관의 승인을 얻어 공제사업을 하는 공인중개사협회
⑤ 「은행법」에 따른 은행

정답 ②

해설 거래당사자 중 일방은 예치명의자에 해당하지 않는다(예치명의자는 은공체보신 + 개공, 전문회사).

17 중개보수

01 乙이 개업공인중개사 甲에게 중개를 의뢰하여 거래계약이 체결된 경우 공인중개사 법령상 중개보수에 관한 설명으로 틀린 것은? (다툼이 있으면 판례에 따름)

제31회

① 甲의 고의와 과실 없이 乙의 사정으로 거래계약이 해제된 경우라도 甲은 중개보수를 받을 수 있다.
② 주택의 중개보수는 국토교통부령으로 정하는 범위 안에서 시·도의 조례로 정하고, 주택 외의 중개대상물의 중개보수는 국토교통부령으로 정한다.
③ 甲이 중개보수 산정에 관한 지방자치단체의 조례를 잘못 해석하여 법정한도를 초과한 중개보수를 받은 경우 「공인중개사법」 제33조 제1항의 금지행위에 해당하지 않는다.
④ 법정한도를 초과하는 甲과 乙의 중개보수 약정은 그 한도를 초과하는 범위 내에서 무효이다.
⑤ 중개보수의 지급시기는 甲과 乙의 약정이 없을 때에는 중개대상물의 거래대금 지급이 완료된 날이다.

정답 ③

해설 ③ (×) 조례를 잘못 해석한 경우(= 아파트 분양권인데 상가 요율을 적용하여 많이 받은 경우) 초과보수 금지행위에 해당한다.
① (○) 개업공인중개사에게 귀책사유가 없다면 거래계약이 해제된 경우라도 중개보수를 받을 수 있다.
⑤ (○) 중개보수의 지급시기는 약정이 없을 때에는 중개대상물의 거래대금 지급이 완료된 날이다(거래계약 체결일×). 그러나 약정이 있다면 약정이 우선한다.

02 **A시에 중개사무소를 둔 개업공인중개사 甲은 B시에 소재하는 乙 소유의 건축물 (그 중 주택의 면적은 3분의 1임)에 대하여 乙과 丙 사이의 매매계약과 동시에 乙을 임차인으로 하는 임대차계약을 중개하였다. 이 경우 甲이 받을 수 있는 중개보수에 관한 설명으로 옳은 것을 모두 고른 것은?** 제31회

㉠ 甲은 乙과 丙으로부터 각각 중개보수를 받을 수 있다.
㉡ 甲은 B시가 속한 시·도의 조례에서 정한 기준에 따라 중개보수를 받아야 한다.
㉢ 중개보수를 정하기 위한 거래금액의 계산은 매매계약에 관한 거래금액만을 적용한다.
㉣ 주택의 중개에 대한 보수 규정을 적용한다.

① ㉢　② ㉠, ㉢　③ ㉡, ㉣
④ ㉠, ㉡, ㉢　⑤ ㉠, ㉡, ㉣

정답 ②

해설 ㉠ (○) 점유개정 시 매매에 대해서 매도인과 매수인에게 각각 받는다.
㉡ (×) 주택(주택 면적이 3분의 1)이 아니니까 조례로 정하지 않는다.
㉢ (○) 점유개정이니까 매매에 대해서만 중개보수를 받는다.
㉣ (×) 주택 면적이 2분의 1 미만이므로(3분의 1이므로) 주택이 아니다.

03 **공인중개사법령상 중개보수의 제한에 관한 설명으로 옳은 것을 모두 고른 것은? (다툼이 있으면 판례에 따름)** 제33회

㉠ 공인중개사법령상 중개보수 제한 규정들은 공매 대상 부동산 취득의 알선에 대해서는 적용되지 않는다.
㉡ 공인중개사법령에서 정한 한도를 초과하는 부동산 중개보수 약정은 한도를 초과하는 범위 내에서 무효이다.
㉢ 개업공인중개사는 중개대상물에 대한 거래계약이 완료되지 않을 경우에도 중개의뢰인과 중개행위에 상응하는 보수를 지급하기로 약정할 수 있고, 이 경우 공인중개사법령상 중개보수 제한 규정들이 적용된다.

① ㉠　② ㉢　③ ㉠, ㉡
④ ㉡, ㉢　⑤ ㉠, ㉡, ㉢

정답 ④

해설 ㉠ (×) 중개보수 제한 규정은 공매 대상 부동산 취득의 알선에 대해서도 적용된다.
㉡ (○) 중개보수 약정은 전부 무효가 아니라 한도를 초과하는 범위 내에서 무효이다.
㉢ (○) 중개완성이 안 되었어도 중개보수를 받기로 약정할 수 있고, 그 때에도 중개보수 한도가 적용되기 때문에 많이 받으면 안 된다.

04 공인중개사법령상 중개보수 등에 관한 설명으로 옳은 것은? 제33회

① 개업공인중개사의 과실로 인하여 중개의뢰인 간의 거래행위가 취소된 경우에도 개업공인중개사는 중개업무에 관하여 중개의뢰인으로부터 소정의 보수를 받는다.
② 개업공인중개사는 권리를 이전하고자 하는 중개의뢰인으로부터 중개대상물의 권리관계 등의 확인에 소요되는 실비를 받을 수 없다.
③ 개업공인중개사는 권리를 취득하고자 하는 중개의뢰인으로부터 계약금 등의 반환채무이행 보장에 소요되는 실비를 받을 수 없다.
④ 개업공인중개사의 중개보수의 지급시기는 개업공인중개사와 중개의뢰인 간의 약정에 따르되, 약정이 없을 때에는 중개대상물의 거래대금 지급이 완료된 날로 한다.
⑤ 주택 외의 중개대상물의 중개에 대한 보수는 시·도의 조례로 정한다.

정답 ④

해설 ① 개업공인중개사의 과실(귀책사유)로 거래계약이 취소가 되었으므로 중개보수를 받을 수 없다.
② 개업공인중개사는 권리관계 등의 확인에 소요되는 실비를 권리를 이전하고자 하는 중개의뢰인으로부터 받을 수 있다.
③ 개업공인중개사는 계약금 등의 반환채무이행 보장에 소요되는 실비를 권리를 취득하고자 하는 중개의뢰인으로부터 받을 수 있다.
⑤ 주택 외의 중개대상물의 중개에 대한 보수는 시·도의 조례로 정하지 않는다.

05 **A시에 중개사무소를 둔 개업공인중개사 甲은 B시에 소재하는 乙 소유의 오피스텔** (건축법령상 업무시설로 전용면적 80제곱미터이고, 상·하수도 시설이 갖추어진 전용입식 부엌, 전용수세식 화장실 및 목욕시설을 갖춤)**에 대하여, 이를 매도하려는 乙과 매수하려는 丙의 의뢰를 받아 매매계약을 중개하였다. 이 경우 공인중개사법령상 甲이 받을 수 있는 중개보수 및 실비에 관한 설명으로 옳은 것을 모두 고른 것은?** 제33회

㉠ 甲이 乙로부터 받을 수 있는 실비는 A시가 속한 시·도의 조례에서 정한 기준에 따른다.
㉡ 甲이 丙으로부터 받을 수 있는 중개보수의 상한 요율은 거래금액의 1천분의 5이다.
㉢ 甲은 乙과 丙으로부터 각각 중개보수를 받을 수 있다.
㉣ 주택(부속토지 포함)의 중개에 대한 보수 및 실비 규정을 적용한다.

① ㉣ ② ㉠, ㉢ ③ ㉡, ㉣
④ ㉠, ㉡, ㉢ ⑤ ㉠, ㉡, ㉢, ㉣

정답 ④

해설 ㉠ (○) 실비니까 조례에서 정한 기준에 따르는 것이 맞다. ⇨ **주거용 오피스텔을 물어본 것이 아니고 실비를 물어본 것이다.**
㉡ (○) 주거용 오피스텔의 매매·교환은 거래금액의 1천분의 5이고(오피스텔 영점 오프로), 임대차 등은 거래금액의 1천분의 4이다.
㉢ (○) 중개보수는 쌍방으로부터 각각 받는다.
㉣ (×) 주거용 오피스텔의 중개보수는 조례로 정하지 않는다.

06 **공인중개사법령상 중개보수 등에 관한 설명으로 틀린 것은?** 제35회

① 개업공인중개사의 중개업무상 과실로 인하여 중개의뢰인 간의 거래행위가 무효가 된 경우 개업공인중개사는 중개의뢰인으로부터 소정의 보수를 받을 수 없다.
② 주택의 중개에 대한 보수는 중개의뢰인 쌍방으로부터 각각 받되, 그 금액은 시·도의 조례로 정하는 요율한도 이내에서 중개의뢰인과 개업공인중개사가 서로 협의하여 결정한다.
③ 중개보수의 지급시기는 개업공인중개사와 중개의뢰인 간의 약정에 따르되, 약정이 없을 때에는 중개대상물의 거래대금 지급이 완료된 날로 한다.
④ 중개대상물인 주택의 소재지와 중개사무소의 소재지가 다른 경우 중개보수는 중개대상물의 소재지를 관할하는 시·도의 조례에서 정한 기준에 따라야 한다.
⑤ 개업공인중개사는 중개의뢰인으로부터 중개대상물의 권리관계 등의 확인에 소요되는 실비를 받을 수 있다.

정답 ④

해설 중개대상물인 주택의 소재지와 중개사무소의 소재지가 다른 경우 중개보수는 중개사무소의 소재지를 관할하는 시·도의 조례에서 정한 기준에 따라야 한다.

07 **甲은 개업공인중개사 丙에게 중개를 의뢰하여 乙 소유의 전용면적 70제곱미터 오피스텔을 보증금 2천만원, 월차임 25만원에 임대차계약을 체결하였다. 이 경우 丙이 甲으로부터 받을 수 있는 중개보수의 최고한도액은?** (임차한 오피스텔은 건축법령상 업무시설로 상·하수도 시설이 갖추어진 전용입식 부엌, 전용수세식 화장실 및 목욕시설을 갖춤) 제26회

① 150,000원 ② 180,000원 ③ 187,500원
④ 225,000원 ⑤ 337,500원

정답 ①

해설 2천만원 + (25만원 × 100) = 4천 500만원, 5천만원 미만이므로 70을 곱한다.
2천만원 + (25만원 × 70) = 3천 750만원 × 0.004 = 15만원

08 **A시에 중개사무소를 둔 개업공인중개사가 A시에 소재하는 주택(부속토지 포함)에 대하여 아래와 같이 매매와 임대차계약을 동시에 중개하였다. 공인중개사법령상 개업공인중개사가 甲으로부터 받을 수 있는 중개보수의 최고한도액은?** 제34회

【계약에 관한 사항】
1. 계약당사자: 甲(매도인, 임차인)과 乙(매수인, 임대인)
2. 매매계약
   1) 매매대금: 2억 5천만원
   2) 매매계약에 대하여 합의된 중개보수: 160만원
3. 임대차계약
   1) 임대보증금: 1천만원
   2) 월차임: 30만원
   3) 임대기간: 2년

【A시 중개보수 조례 기준】
1. 거래금액 2억원 이상 9억원 미만(매매·교환): 상한요율 0.4%
2. 거래금액 5천만원 미만(임대차 등): 상한요율 0.5%(한도액 20만원)

① 100만원 ② 115만 5천원 ③ 120만원
④ 160만원 ⑤ 175만 5천원

정답 ①

해설 주택이니까 조례대로 풀면 된다. 점유개정이므로 매매에 대해서만 중개보수를 받을 수 있고, 한 명에 받는 것이다.
2억 5천만원 × 0.004 = 100만원, 160만원으로 합의했어도 100만원이 최고한도이므로 100만원이다.

09 **개업공인중개사가 X시에 소재하는 주택의 면적이 3분의 1인 건축물에 대하여 매매와 임대차계약을 동시에 중개하였다. 개업공인중개사가 甲으로부터 받을 수 있는 중개보수의 최고한도액은?** 제25회

〈계약 조건〉
1. 계약당사자: 甲(매도인, 임차인)과 乙(매수인, 임대인)
2. 매매계약
   1) 매매대금: 1억원
   2) 매매계약에 대하여 합의된 중개보수: 100만원
3. 임대차계약
   1) 임대보증금: 3천만원
   2) 월차임: 30만원
   3) 임대기간: 2년

〈X시 중개보수 조례 기준〉
1. 매매대금 5천만원 이상 2억원 미만: 상한요율 0.5% (한도액 80만원)
2. 보증금액 5천만원 이상 1억원 미만: 상한요율 0.4% (한도액 30만원)

① 50만원 ② 74만원 ③ 90만원
④ 100만원 ⑤ 124만원

정답 ③

해설 위 건축물은 주택면적이 3분의 1이므로 주택에 해당하지 않는다. 상가이므로 최고 0.9%의 요율이 적용된다. 또한 매도인이 임차인이 된 경우이므로 임대차에 대해서는 중개보수를 받을 수 없다. 매매에 대해서만 중개보수를 계산하면 1억원 × 0.009 = 90만원이다. 90만원이 최고한도액이다. 100만원으로 합의하였다 하더라도 최고한도액인 90만원까지만 받을 수 있다.

18 공인중개사협회

01 **공인중개사법령상 "공인중개사협회"**(이하 '협회'라 함)**에 관한 설명으로 옳은 것은?** 제30회

① 협회는 영리사업으로서 회원 간의 상호부조를 목적으로 공제사업을 할 수 있다.
② 협회는 총회의 의결내용을 지체 없이 등록관청에게 보고하고 등기하여야 한다.
③ 협회가 그 지부 또는 지회를 설치한 때에는 그 지부는 시·도지사에게, 지회는 등록관청에 신고하여야 한다.
④ 협회는 개업공인중개사에 대한 행정제재처분의 부과와 집행의 업무를 할 수 있다.
⑤ 협회는 부동산 정보제공에 관한 업무를 직접 수행할 수 없다.

정답 ③

해설 ① 공제사업은 비영리사업이다.
② 협회는 총회의 의결내용을 지체 없이 국토교통부장관에게 보고하여야 한다.
④ 협회는 개업공인중개사에 대한 행정제재처분의 부과와 집행의 업무를 할 수 없다.
⑤ 협회는 부동산 정보제공에 관한 업무를 직접 수행할 수 있다.

02 **「공인중개사법 시행령」 제30조**(협회의 설립)**의 내용이다. (　　)에 들어갈 숫자를 올바르게 나열한 것은?** 제30회

- 공인중개사협회를 설립하고자 하는 때에는 발기인이 작성하여 서명·날인한 정관에 대하여 회원 (㉠)인 이상이 출석한 창립총회에서 출석한 회원 과반수의 동의를 얻어 국토교통부장관의 설립인가를 받아야 한다.
- 창립총회에는 서울특별시에서는 (㉡)인 이상, 광역시·도 및 특별자치도에서는 각각 (㉢)인 이상의 회원이 참여하여야 한다.

① ㉠: 300, ㉡: 50, ㉢: 20
② ㉠: 300, ㉡: 100, ㉢: 50
③ ㉠: 600, ㉡: 50, ㉢: 20
④ ㉠: 600, ㉡: 100, ㉢: 20
⑤ ㉠: 800, ㉡: 50, ㉢: 50

정답 ④

해설
- 공인중개사협회를 설립하고자 하는 때에는 발기인이 작성하여 서명·날인한 정관에 대하여 회원 (600)인 이상이 출석한 창립총회에서 출석한 회원 과반수의 동의를 얻어 국토교통부장관의 설립인가를 받아야 한다.
- 창립총회에는 서울특별시에서는 (100)인 이상, 광역시·도 및 특별자치도에서는 각각 (20)인 이상의 회원이 참여하여야 한다.

03 공인중개사법령상 공인중개사협회(이하 '협회'라 함)**에 관한 설명으로 틀린 것은?**

제32회

① 협회는 시·도지사로부터 위탁을 받아 실무교육에 관한 업무를 할 수 있다.
② 협회는 공제사업을 하는 경우 책임준비금을 다른 용도로 사용하려면 국토교통부장관의 승인을 얻어야 한다.
③ 협회는 공인중개사법에 따른 협회의 설립목적을 달성하기 위한 경우에도 부동산 정보제공에 관한 업무를 수행할 수 없다.
④ 협회에 관하여 공인중개사법에 규정된 것 외에는 「민법」 중 사단법인에 관한 규정을 적용한다.
⑤ 협회는 공제사업을 다른 회계와 구분하여 별도의 회계로 관리해야 한다.

정답 ③

해설 협회는 공인중개사법에 따른 협회의 설립목적을 달성하기 위한 경우에 부동산 정보제공에 관한 업무를 수행할 수 있다.

04 공인중개사법령상 공제사업에 관한 설명으로 틀린 것은? 제30회

① 공인중개사협회는 공제사업을 하고자 하는 때에는 공제규정을 제정하여 국토교통부장관의 승인을 얻어야 한다.

② 금융감독원의 원장은 국토교통부장관의 요청이 있는 경우에는 공제사업에 관하여 조사 또는 검사를 할 수 있다.

③ 공인중개사협회는 책임준비금을 다른 용도로 사용하고자 하는 경우에는 국토교통부장관의 승인을 얻어야 한다.

④ 책임준비금의 적립비율은 공제사고 발생률 및 공제금 지급액 등을 종합적으로 고려하여 정하되, 공제료 수입액의 100분의 10 이상으로 정한다.

⑤ 공인중개사협회는 회계연도 종료 후 6개월 이내에 매년 도의 공제사업 운용실적을 일간신문·협회보 등을 통하여 공제계약자에게 공시하여야 한다.

정답 ⑤

해설 공인중개사협회는 회계연도 종료 후 **3개월** 이내에 매년 도의 공제사업 운용실적을 일간신문·협회보 등을 통하여 공제계약자에게 공시하여야 한다.

05 공인중개사법령상 공인중개사협회(이하 '협회'라 함)의 공제사업에 관한 설명으로 틀린 것은? 제33회

① 협회는 공제사업을 다른 회계와 구분하여 별도의 회계로 관리해야 한다.

② 공제규정에서 정하는 책임준비금의 적립비율은 공제료 수입액의 100분의 20 이상으로 한다.

③ 국토교통부장관은 협회의 자산상황이 불량하여 공제가입자의 권익을 해칠 우려가 있다고 인정하면 자산예탁기관의 변경을 명할 수 있다.

④ 국토교통부장관은 협회의 자산상황이 불량하여 중개사고 피해자의 권익을 해칠 우려가 있다고 인정하면 불건전한 자산에 대한 적립금의 보유를 명할 수 있다.

⑤ 협회는 대통령령으로 정하는 바에 따라 매년도의 공제사업 운용실적을 일간신문·협회보 등을 통하여 공제계약자에게 공시해야 한다.

정답 ②

해설 공제규정에서 정하는 **책임준비금의 적립비율**은 공제료 수입액의 **100분의 10** 이상으로 한다.

06 **공인중개사법령상 공인중개사협회**(이하 '협회'라 함) **및 공제사업에 관한 설명으로 옳은 것은?** 제34회

① 협회는 총회의 의결내용을 10일 이내에 시·도지사에게 보고하여야 한다.
② 협회는 매 회계연도 종료 후 3개월 이내에 공제사업 운용실적을 일간신문에 공시하거나 협회의 인터넷 홈페이지에 게시해야 한다.
③ 협회의 창립총회를 개최할 경우 특별자치도에서는 10인 이상의 회원이 참여하여야 한다.
④ 공제규정에는 책임준비금의 적립비율을 공제료 수입액의 100분의 5 이상으로 정한다.
⑤ 협회는 공제사업을 다른 회계와 구분하여 별도의 회계로 관리하여야 한다.

정답 ⑤

해설 ① 협회는 총회의 의결내용을 **지체 없이 국토교통부장관**에게 보고하여야 한다.
② 협회는 매 회계연도 종료 후 3개월 이내에 공제사업 운용실적을 **일간신문 또는 협회보**에 공시하고 협회의 인터넷 홈페이지에 게시해야 한다.
③ 협회의 창립총회를 개최할 경우 특별자치도에서는 **20인** 이상의 회원이 참여하여야 한다.
④ 공제규정에는 책임준비금의 적립비율을 공제료 수입액의 **100분의 10** 이상으로 정한다.

07 **공인중개사법령상 국토교통부장관이 공인중개사협회의 공제사업 운영에 대한 개선조치로서 명할 수 있는 것이 아닌 것은?** 제35회

① 가치가 없다고 인정되는 자산의 손실 처리
② 공제사업의 양도
③ 불건전한 자산에 대한 적립금의 보유
④ 업무집행방법의 변경
⑤ 자산의 장부가격의 변경

정답 ②

해설 **~변경, 적립금의 보유, 손실의 처리 등이 개선명령**에 해당한다. 그러나 '공제사업의 양도'는 개선명령에 해당하지 않는다.

08 **공인중개사법령상 공인중개사협회의 업무에 해당하는 것을 모두 고른 것은?** 제35회

㉠ 회원의 윤리헌장 제정 및 그 실천에 관한 업무
㉡ 부동산 정보제공에 관한 업무
㉢ 인터넷을 이용한 중개대상물에 대한 표시·광고 모니터링 업무
㉣ 회원의 품위유지를 위한 업무

① ㉠, ㉣ ② ㉡, ㉢ ③ ㉠, ㉡, ㉢
④ ㉠, ㉡, ㉣ ⑤ ㉠, ㉡, ㉢, ㉣

정답 ④

해설 ㉢ (×) 인터넷을 이용한 중개대상물에 대한 표시·광고 모니터링 업무 ⇨ 국토교통부장관이 모니터링을 할 수 있다.

19 교 육

01 **공인중개사법령상 개업공인중개사 등의 교육에 관한 설명으로 <u>틀린</u> 것은?** 제28회

① 실무교육은 그에 관한 업무의 위탁이 없는 경우 시·도지사가 실시한다.
② 연수교육을 실시하려는 경우 그 교육의 일시·장소를 관보에 공고한 후 대상자에게 통지해야 한다.
③ 실무교육을 받은 개업공인중개사 및 소속공인중개사는 그 실무교육을 받은 후 2년마다 연수교육을 받아야 한다.
④ 직무교육의 교육시간은 3시간 이상 4시간 이하로 한다.
⑤ 국토교통부장관, 시·도지사 및 등록관청은 필요하다고 인정하면 개업공인중개사 등의 부동산거래사고 예방을 위한 교육을 실시할 수 있다.

정답 ②

해설 연수교육을 실시하려는 경우 실무교육 또는 연수교육을 받은 후 **<u>2년</u>**이 되기 **<u>2개월</u>** 전까지 대상자에게 통지해야 한다.

02 **공인중개사법령상 개업공인중개사 등의 교육에 관한 설명으로 옳은 것을 모두 고른 것은?** (단, 다른 법률의 규정은 고려하지 않음) 제29회

㉠ 실무교육을 받는 것은 중개사무소 개설등록의 기준에 해당한다.
㉡ 개업공인중개사로서 폐업신고를 한 후 1년 이내에 소속공인중개사로 고용신고를 하려는 자는 실무교육을 받아야 한다.
㉢ 연수교육의 교육시간은 28시간 이상 32시간 이하이다.
㉣ 연수교육을 정당한 사유 없이 받지 않으면 500만원 이하의 과태료를 부과한다.

① ㉠, ㉡ ② ㉠, ㉣ ③ ㉡, ㉢
④ ㉠, ㉢, ㉣ ⑤ ㉡, ㉢, ㉣

정답 ②

해설 ㉠ (○) 실무교육을 받아야 등록이 되므로 중개사무소 개설등록의 기준에 해당한다.
㉡ (×) 폐업신고를 한 후 1년 이내면 실무교육이 면제된다.
㉢ (×) 연수교육의 교육시간은 12시간 이상 16시간 이하이다.
㉣ (○) 연수교육을 정당한 사유 없이 받지 않으면 개업공인중개사와 소속공인중개사 모두 500만원 이하의 과태료를 부과한다.

03 **공인중개사법령상 개업공인중개사 등의 교육에 관한 설명으로 옳은 것은?** (단, 다른 법률의 규정은 고려하지 않음) 제31회

① 중개사무소 개설등록을 신청하려는 법인의 공인중개사가 아닌 사원은 실무교육 대상이 아니다.
② 개업공인중개사가 되려는 자의 실무교육 시간은 26시간 이상 32시간 이하이다.
③ 중개보조원이 받는 실무교육에는 부동산 중개 관련 법・제도의 변경사항이 포함된다.
④ 국토교통부장관, 시・도지사, 등록관청은 개업공인중개사 등에 대한 부동산거래사고 예방 등의 교육을 위하여 교육 관련 연구에 필요한 비용을 지원할 수 있다.
⑤ 소속공인중개사는 2년마다 국토교통부장관이 실시하는 연수교육을 받아야 한다.

정답 ④

해설 ④ (○) 예방교육은 필수교육이 아니기 때문에 교육비를 지원할 수 있다.
① (×) 공인중개사가 아닌 사원도 이사급이므로 실무교육 대상자이다.
② (×) 개업공인중개사가 되려는 자의 실무교육 시간은 28시간 이상 32시간 이하이다.
③ (×) 중개보조원이 받는 직무교육은 직업윤리가 교육내용이다.
⑤ (×) 소속공인중개사는 2년마다 **시·도지사가 실시하는 연수교육**을 받아야 한다.

04 공인중개사법령상 개업공인중개사 등의 교육 등에 관한 설명으로 옳은 것은?

제34회

① 폐업신고 후 400일이 지난 날 중개사무소의 개설등록을 다시 신청하려는 자는 실무교육을 받지 않아도 된다.
② 중개보조원의 직무수행에 필요한 직업윤리에 대한 교육시간은 5시간이다.
③ 시·도지사는 연수교육을 실시하려는 경우 실무교육 또는 연수교육을 받은 후 2년이 되기 2개월 전까지 연수교육의 일시·장소·내용 등을 대상자에게 통지하여야 한다.
④ 부동산 중개 및 경영 실무에 대한 교육시간은 36시간이다.
⑤ 시·도지사가 부동산거래사고 예방을 위한 교육을 실시하려는 경우에는 교육일 7일 전까지 교육일시·교육장소 및 교육내용을 교육대상자에게 통지하여야 한다.

정답 ③

해설 ③ (○) **실무교육을 받았어도 2년 뒤에 연수교육을 받아야 하므로** 실무교육을 받은 후 2년이 되기 2개월 전까지 통지해 주는 것이다.
① (×) 폐업신고 후 400일이면 1년이 지났으므로 실무교육을 다시 받아야 한다.
② (×) 중개보조원의 직무수행에 필요한 직업윤리에 대한 교육시간은 3시간 이상 4시간 이하이다.
④ (×) 부동산 중개 및 경영 실무에 대한 교육시간은 실무교육이면 28시간 이상 32시간 이하이고, 연수교육이면 12시간 이상 16시간 이하이다.
⑤ (×) 예방교육은 교육일 **10일** 전까지 교육일시·교육장소 및 교육내용을 교육대상자에게 통지하여야 한다(**10글자**).

05 **공인중개사법령상 공인중개사인 개업공인중개사 甲과 그에 소속된 소속공인중개사 乙에 관한 설명으로 <u>틀린</u> 것을 모두 고른 것은?** 제35회

㉠ 甲과 乙은 실무교육을 받은 후 2년마다 등록관청이 실시하는 연수교육을 받아야 한다.
㉡ 甲이 중개를 의뢰받아 乙의 중개행위로 중개가 완성되어 중개대상물확인·설명서를 작성하는 경우 乙은 甲과 함께 그 확인·설명서에 서명 또는 날인하여야 한다.
㉢ 乙이 甲과의 고용관계 종료신고 후 1년 이내에 중개사무소의 개설등록을 신청한 경우 개설등록 후 1년 이내에 실무교육을 받아야 한다.

① ㉠
② ㉡
③ ㉠, ㉢
④ ㉡, ㉢
⑤ ㉠, ㉡, ㉢

정답 ⑤

해설 ㉠ (×) **<u>시·도지사가</u>** 실시하는 연수교육을 받아야 한다.
㉡ (×) 확인·설명서에 서명 또는 날인 ⇨ 확인·설명서에 서명 **및** 날인
㉢ (×) 1년 이내면 실무교육이 면제된다(실무 = 일, 일년).

20 보 칙

01 공인중개사법령상 수수료납부 대상자에 해당하는 것은 모두 몇 개인가? 제27회

- 분사무소 설치의 신고를 하는 자
- 중개사무소의 개설등록을 신청하는 자
- 중개사무소의 휴업을 신고하는 자
- 중개사무소등록증의 재교부를 신청하는 자
- 공인중개사 자격시험에 합격하여 공인중개사자격증을 처음으로 교부받은 자

① 1개 ② 2개 ③ 3개
④ 4개 ⑤ 5개

정답 ③

해설 • (×) 휴업신고 시 수수료를 납부하지 않는다.
• (×) 자격증을 처음 교부받을 때에는 수수료를 납부하지 않는다(교부 ≠ 재교부).

02 공인중개사법령상 조례가 정하는 바에 따라 수수료를 납부해야 하는 경우를 모두 고른 것은? 제30회

㉠ 분사무소설치신고확인서의 재교부 신청
㉡ 국토교통부장관이 시행하는 공인중개사 자격시험 응시
㉢ 중개사무소의 개설등록 신청
㉣ 분사무소 설치의 신고

① ㉠, ㉡ ② ㉠, ㉡, ㉣ ③ ㉠, ㉢, ㉣
④ ㉡, ㉢, ㉣ ⑤ ㉠, ㉡, ㉢, ㉣

정답 ③

해설 ㉡ (×) 국토교통부장관이 시행하는 공인중개사 자격시험 응시하는 경우 **조례가 아니라 국토교통부장관이 결정·공고하는 수수료**를 납부해야 한다.

03 **공인중개사법령상 포상금 지급에 관한 설명으로 옳은 것은?** 제30회

① 포상금은 1건당 150만원으로 한다.
② 검사가 신고사건에 대하여 기소유예의 결정을 한 경우에는 포상금을 지급하지 않는다.
③ 포상금의 지급에 소요되는 비용 중 시·도에서 보조할 수 있는 비율은 100분의 50 이내로 한다.
④ 포상금지급신청서를 제출받은 등록관청은 그 사건에 관한 수사기관의 처분내용을 조회한 후 포상금의 지급을 결정하고, 그 결정일부터 1개월 이내에 포상금을 지급하여야 한다.
⑤ 등록관청은 하나의 사건에 대하여 2건 이상의 신고가 접수된 경우, 공동으로 신고한 것이 아니면 포상금을 균등하게 배분하여 지급한다.

정답 ④

해설 ① 포상금은 **1건당 50만원**으로 한다.
② 검사가 **공소제기 또는 기소유예의 결정을 한 경우에 한하여** 포상금을 지급한다.
③ 포상금의 지급에 소요되는 비용 중 **국고에서 보조**할 수 있는 비율은 100분의 50 이내로 한다.
⑤ 등록관청은 하나의 사건에 대하여 2건 이상의 신고가 접수된 경우, 먼저 신고한 자에게 포상금을 지급한다.

04 **공인중개사법령상 포상금을 지급받을 수 있는 신고 또는 고발의 대상이 아닌 것은?** 제32회

① 중개사무소의 개설등록을 하지 않고 중개업을 한 자
② 부정한 방법으로 중개사무소의 개설등록을 한 자
③ 공인중개사자격증을 다른 사람으로부터 양수받은 자
④ 개업공인중개사로서 부당한 이익을 얻을 목적으로 거짓으로 거래가 완료된 것처럼 꾸미는 등 중개대상물의 시세에 부당한 영향을 줄 우려가 있는 행위를 한 자
⑤ 개업공인중개사로서 중개의뢰인과 직접거래를 한 자

정답 ⑤

해설 ⑤ (×) 개업공인중개사로서 중개의뢰인과 직접거래를 한 자는 포상금 지급대상이 아니다.
④ (○) 개업공인중개사로서 부당한 이익을 얻을 목적으로 거짓으로 거래가 완료된 것처럼 꾸미는 등 중개대상물의 시세에 부당한 영향을 줄 우려가 있는 행위를 한 자 = 거래가 완료된 것처럼 조작한 자로서 포상금 지급대상이다(무양 아닌 부양, **조작**단과 제유해).

05 공인중개사법령상 포상금을 지급받을 수 있는 신고 또는 고발의 대상을 모두 고른 것은? 제33회

㉠ 중개대상물의 매매를 업으로 하는 행위를 한 자
㉡ 공인중개사자격증을 다른 사람으로부터 대여받은 자
㉢ 해당 중개대상물의 거래상의 중요사항에 관하여 거짓된 언행으로 중개의뢰인의 판단을 그르치게 하는 행위를 한 자

① ㉠
② ㉡
③ ㉠, ㉢
④ ㉡, ㉢
⑤ ㉠, ㉡, ㉢

정답 ②

해설 ㉠ (×) 중개대상물의 매매를 업으로 하는 행위를 한 자는 포상금 지급대상이 아니다.
㉢ (×) 해당 중개대상물의 거래상의 중요사항에 관하여 거짓된 언행으로 중개의뢰인의 판단을 그르치게 하는 행위를 한 자는 포상금 지급대상이 아니다.

06 공인중개사법령상 甲과 乙이 받을 수 있는 포상금의 최대 금액은? 제27회

- 甲은 중개사무소를 부정한 방법으로 개설등록한 A와 B를 각각 고발하였으며, 검사는 A를 공소제기하였고, B를 무혐의처분하였다.
- 乙은 중개사무소를 부정한 방법으로 개설등록한 C를 신고하였으며, C는 형사재판에서 무죄판결을 받았다.
- 甲과 乙은 포상금배분에 관한 합의 없이 중개사무소등록증을 대여한 D를 공동으로 고발하여 D는 기소유예의 처분을 받았다.
- 중개사무소의 개설등록을 하지 않고 중개업을 하는 E는 乙이 신고한 이후에 甲도 E를 신고하였고, E는 형사재판에서 유죄판결을 받았다.
- A, B, C, D, E는 甲 또는 乙의 위 신고·고발 전에 행정기관에 의해 발각되지 않았다.

① 甲: 75만원, 乙: 50만원
② 甲: 75만원, 乙: 75만원
③ 甲: 75만원, 乙: 125만원
④ 甲: 125만원, 乙: 75만원
⑤ 甲: 125만원, 乙: 125만원

정답 ③

해설 甲: A(50) D(25)
乙: C(50) D(25) E(50)
공소제기나 기소유예의 경우 포상금을 지급한다. **무혐의는 포상금을 지급하지 않는다(B의 경우). 공소제기 후 무죄판결을 받았어도 포상금을 지급한다(C의 경우).** 배분방법에 대해서 합의가 없다면 균분한다(D의 경우). 그러나 하나의 사건에 대해서 2건일 때는 먼저 한 사람에게만 포상금을 지급한다(E의 경우).

07 부동산 거래신고 등에 관한 법령상 신고포상금에 관한 설명으로 옳은 것은?

제30회

① 포상금의 지급에 드는 비용은 국고로 충당한다.
② 해당 위반행위에 관여한 자가 신고한 경우라도 신고포상금은 지급하여야 한다.
③ 익명으로 고발하여 고발인을 확인할 수 없는 경우에는 해당 신고포상금은 국고로 환수한다.
④ 부동산 등의 거래가격을 신고하지 않은 자를 수사기관이 적발하기 전에 수사기관에 1건 고발한 경우 1천 5백만원의 신고포상금을 받을 수 있다.
⑤ 신고관청 또는 허가관청으로부터 포상금 지급 결정을 통보받은 신고인은 포상금을 받으려면 국토교통부령으로 정하는 포상금지급신청서를 작성하여 신고관청 또는 허가관청에 제출하여야 한다.

정답 ⑤

해설 ⑤ (○) 포상금 지급 결정이 나면 신청하고, 신청서를 접수한 날부터 2개월 이내에 포상금을 지급한다.
① (×) 시·군·구의 재원으로 충당한다.
② (×) 공무원이 직무와 관련하여 신고한 경우, 익명 또는 가명으로 신고한 경우, 해당 위반행위를 한 자 또는 해당 위반행위에 관여한 자가 신고한 경우에는 포상금을 지급하지 않을 수 있다.
③ (×) 국고 환수가 아니라 포상금을 지급하지 않을 수 있다.
④ (×) 부동산 등의 거래가격을 신고하지 않은 자는 포상금 지급대상이 아니다(**주거부거허**). 또는 실제 거래가격을 거짓으로 신고한 자에 대한 포상금은 1건당 1천만원이 한도이다.

08 **부동산 거래신고 등에 관한 법령상 신고포상금 지급대상에 해당하는 위반행위를 모두 고른 것은?** 제32회

㉠ 부동산 매매계약의 거래당사자가 부동산의 실제 거래가격을 거짓으로 신고하는 행위
㉡ 부동산 매매계약에 관하여 개업공인중개사에게 신고를 하지 않도록 요구하는 행위
㉢ 토지거래계약허가를 받아 취득한 토지를 허가받은 목적대로 이용하지 않는 행위
㉣ 부동산 매매계약에 관하여 부동산의 실제 거래가격을 거짓으로 신고하도록 조장하는 행위

① ㉠, ㉢ ② ㉠, ㉣ ③ ㉡, ㉣
④ ㉠, ㉡, ㉢ ⑤ ㉡, ㉢, ㉣

정답 ①

해설 ㉡ (×) 부동산 매매계약에 관하여 개업공인중개사에게 신고를 하지 않도록 요구하는 행위는 포상금 지급대상이 아니다.
㉣ (×) 부동산 매매계약에 관하여 부동산의 실제 거래가격을 거짓으로 신고하도록 조장하는 행위는 포상금 지급대상이 아니다.

09 **부동산 거래신고 등에 관한 법령상 포상금의 지급에 관한 설명으로 <u>틀린</u> 것을 모두 고른 것은?** 제34회

㉠ 가명으로 신고하여 신고인을 확인할 수 없는 경우에는 포상금을 지급하지 아니할 수 있다.
㉡ 신고관청에 포상금지급신청서가 접수된 날부터 1개월 이내에 포상금을 지급하여야 한다.
㉢ 신고관청은 하나의 위반행위에 대하여 2명 이상이 각각 신고한 경우에는 포상금을 균등하게 배분하여 지급한다.

① ㉠ ② ㉠, ㉡ ③ ㉠, ㉢
④ ㉡, ㉢ ⑤ ㉠, ㉡, ㉢

 ④

해설 ㉡ (×) 신고관청에 포상금지급신청서가 접수된 날부터 **2개월** 이내에 포상금을 지급하여야 한다(**시즌2**).

㉢ (×) 신고관청은 하나의 위반행위에 대하여 2명 이상이 각각 신고한 경우에는 최초의 신고자에게 포상금을 지급한다(**시간 차이 有 ⇨ 최초의 신고자에게**).

10 공인중개사법령상 부동산거래질서교란행위에 해당하지 않는 것은? 제35회

① 공인중개사자격증 양도를 알선한 경우

② 중개보조원이 중개업무를 보조하면서 중개의뢰인에게 본인이 중개보조원이라는 사실을 미리 알리지 않은 경우

③ 개업공인중개사가 중개행위로 인한 손해배상책임을 보장하기 위하여 가입해야 하는 보증보험이나 공제에 가입하지 않은 경우

④ 개업공인중개사가 동일한 중개대상물에 대한 하나의 거래를 완성하면서 서로 다른 둘 이상의 거래계약서를 작성한 경우

⑤ 개업공인중개사가 거래당사자 쌍방을 대리한 경우

정답 ③

해설 개업공인중개사가 중개행위로 인한 손해배상책임을 보장하기 위하여 가입해야 하는 보증보험이나 공제에 가입하지 않은 경우, 부득이한 사유 없이 6개월을 초과하여 휴업한 경우, 전속중개계약을 체결한 개업공인중개사가 중개대상물에 대한 정보를 공개하지 아니하거나 중개의뢰인의 비공개 요청에도 불구하고 정보를 공개한 경우는 교란행위가 아니다. 또한 표시·광고 관련 위반행위(명시사항을 위반한 표시·광고, 부당한 표시·광고, 개업공인중개사가 아닌 자가 표시·광고한 것)는 교란행위가 아니다.

21 공인중개사에 대한 행정처분

01 공인중개사법령상 공인중개사의 자격취소에 관한 설명으로 옳은 것은? 제30회

① 공인중개사의 자격취소처분은 공인중개사의 현주소지를 관할하는 시장・군수・구청장이 행한다.

② 시・도지사는 공인중개사의 자격취소처분을 한 때에는 5일 이내에 이를 국토교통부장관과 다른 시・도지사에게 통보해야 한다.

③ 자격취소사유가 발생한 경우에는 청문을 실시하지 않아도 해당 공인중개사의 자격을 취소할 수 있다.

④ 공인중개사의 자격이 취소된 자는 공인중개사자격증을 7일 이내에 한국산업인력공단에 반납하여야 한다.

⑤ 공인중개사자격이 취소되었으나 공인중개사자격증을 분실 등의 사유로 반납할 수 없는 자는 신규발급절차를 거쳐 발급된 공인중개사자격증을 반납하여야 한다.

정답 ②

해설 ② (○) 국토교통부장관에게 보고하는 것이 아니고 **통보**하는 것이다.

① (×) 공인중개사의 자격취소처분은 **자격증을 교부한 시・도지사**가 행한다.

③ (×) 자격취소처분을 하고자 하는 경우 청문을 실시하여야 한다(**취 – 취**).

④ (×) 공인중개사의 자격이 취소된 자는 공인중개사자격증을 7일 이내에 **자격증을 교부한 시・도지사**에게 반납하여야 한다.

⑤ (×) 분실 등의 사유로 자격증을 반납할 수 없는 자는 **사유서를 제출**하여야 한다.

02 공인중개사법령상 공인중개사 자격의 취소사유에 해당하는 것을 모두 고른 것은?

제32회

㉠ 부정한 방법으로 공인중개사의 자격을 취득한 경우
㉡ 다른 사람에게 자기의 공인중개사자격증을 대여한 경우
㉢ 공인중개사법에 따라 공인중개사 자격정지처분을 받고 그 자격정지기간 중에 중개업무를 행한 경우

① ㉠　　② ㉢　　③ ㉠, ㉡
④ ㉡, ㉢　　⑤ ㉠, ㉡, ㉢

정답 ⑤

해설 모두 다 자격취소사유에 해당한다(**자취는 부양지역에서 한다. 조폭이 사문서 위조해서 행사하면 사기, 횡령, 배임이다**).

03 공인중개사법령상 공인중개사의 자격취소에 관한 설명으로 틀린 것은?

제33회

① 시·도지사는 공인중개사가 이 법을 위반하여 300만원 이상 벌금형의 선고를 받은 경우에는 그 자격을 취소해야 한다.
② 공인중개사의 자격이 취소된 자는 공인중개사자격증을 교부한 시·도지사에게 반납해야 한다.
③ 시·도지사는 공인중개사의 자격취소처분을 한 때에는 5일 이내에 이를 국토교통부장관과 다른 시·도지사에게 통보해야 한다.
④ 시·도지사는 공인중개사의 자격을 취소하고자 하는 경우에는 청문을 실시해야 한다.
⑤ 시·도지사는 공인중개사가 부정한 방법으로 공인중개사의 자격을 취득한 경우에는 그 자격을 취소해야 한다.

정답 ①

해설 이 법을 위반하여 300만원 이상 벌금형의 선고를 받은 경우가 아니라 **이 법을 위반하여 징역형(징역형의 집행유예 포함) 선고를 받은 경우가 자격취소사유에 해당**한다. 주의할 것은 공인중개사법에는 금고형이 없으므로 공인중개사법 위반으로 금고형 선고는 불가능하다.

04 공인중개사법령상 공인중개사의 자격취소에 관한 설명으로 틀린 것은? 제34회

① 공인중개사의 자격취소처분은 청문을 거쳐 중개사무소의 개설등록증을 교부한 시·도지사가 행한다.
② 공인중개사가 자격정지처분을 받은 기간 중에 법인인 개업공인중개사의 임원이 되는 경우 시·도지사는 그 자격을 취소하여야 한다.
③ 자격취소처분을 받아 공인중개사자격증을 반납하려는 자는 그 처분을 받은 날부터 7일 이내에 반납해야 한다.
④ 시·도지사는 공인중개사의 자격취소처분을 한 때에는 5일 이내에 이를 국토교통부장관에게 통보해야 한다.
⑤ 분실로 인하여 공인중개사자격증을 반납할 수 없는 자는 자격증 반납을 대신하여 그 이유를 기재한 사유서를 시·도지사에게 제출하여야 한다.

정답 ①
해설 공인중개사의 자격취소처분은 청문을 거쳐 **자격증을 교부한 시·도지사**가 행한다.

05 공인중개사법령상 중개업무를 수행하는 소속공인중개사의 자격정지사유에 해당하지 않는 것은? 제30회

① 고객을 위하여 거래내용에 부합하는 동일한 거래계약서를 4부 작성한 경우
② 2 이상의 중개사무소에 소속된 경우
③ 고객의 요청에 의해 거래계약서에 거래금액을 거짓으로 기재한 경우
④ 권리를 취득하고자 하는 중개의뢰인에게 중개가 완성되기 전까지 등기사항증명서 등 확인·설명의 근거자료를 제시하지 않은 경우
⑤ 법인의 분사무소의 책임자가 서명 및 날인 하였기에 해당 중개행위를 한 소속공인중개사가 확인·설명서에 서명 및 날인을 하지 않은 경우

정답 ①
해설 소속공인중개사는 공동중개시 거래계약서 4부를 작성할 수 있고, 이것은 위반이 아니다.

06 **공인중개사법령상 공인중개사의 자격취소사유와 소속공인중개사의 자격정지사유에 관한 구분으로 옳은 것을 모두 고른 것은?** 제31회

> ㉠ 다른 사람에게 자기의 성명을 사용하여 중개업무를 하게 한 경우 – 취소사유
> ㉡ 공인중개사법을 위반하여 징역형의 집행유예를 받은 경우 – 취소사유
> ㉢ 거래계약서를 작성할 때 거래금액 등 거래내용을 거짓으로 기재한 경우 – 정지사유
> ㉣ 중개대상물의 매매를 업으로 하는 경우 – 정지사유

① ㉠　② ㉠, ㉣　③ ㉢, ㉣
④ ㉠, ㉡, ㉢　⑤ ㉠, ㉡, ㉢, ㉣

정답 ⑤

해설 ㉠ (○) 다른 사람에게 자기의 성명을 사용하여 중개업무를 하게 한 경우 = 자격증 양도 또는 대여 – 취소사유
㉡ (○) 공인중개사법을 위반하여 징역형의 집행유예를 받은 경우에도 자격취소사유에 해당한다.
㉢ (○) 거래계약서를 작성할 때 거래금액 등 거래내용을 거짓으로 기재한 경우 = 이중계약서니까 자격정지사유에 해당한다.
㉣ (○) 중개대상물의 매매를 업으로 하는 경우는 금지행위로서 자격정지사유에 해당한다.

07 **공인중개사법령상 소속공인중개사로서 업무를 수행하는 기간 동안 발생한 사유 중 자격정지사유로 규정되어 있지 않은 것은?** 제32회

① 둘 이상의 중개사무소에 소속된 경우
② 성실·정확하게 중개대상물의 확인·설명을 하지 않은 경우
③ 등록관청에 등록하지 않은 인장을 사용하여 중개행위를 한 경우
④ 공인중개사법을 위반하여 징역형의 선고를 받은 경우
⑤ 중개대상물의 매매를 업으로 하는 행위를 한 경우

정답 ④

해설 공인중개사법을 위반하여 징역형의 선고를 받은 경우에는 자격취소사유에 해당한다.

08 **공인중개사법령상 소속공인중개사의 규정 위반행위 중 자격정지기준이 6개월에 해당하는 것을 모두 고른 것은?** 제34회

㉠ 2 이상의 중개사무소에 소속된 경우
㉡ 거래계약서에 서명 · 날인을 하지 아니한 경우
㉢ 등록하지 아니한 인장을 사용한 경우
㉣ 확인 · 설명의 근거자료를 제시하지 아니한 경우

① ㉠ ② ㉠, ㉢ ③ ㉡, ㉢
④ ㉠, ㉡, ㉣ ⑤ ㉡, ㉢, ㉣

정답 ①

해설 **이중**소속, **이중**계약서(거짓 기재), **금지**행위(9금지)는 별표3에 따르면 자격정지기간이 6개월이다.

09 **공인중개사법령상 중개업무를 수행하는 소속공인중개사의 자격정지사유에 해당하지 않는 것은?** 제29회

① 하나의 거래에 대하여 서로 다른 2 이상의 거래계약서를 작성한 경우
② 국토교통부령이 정하는 전속중개계약서에 의하지 않고 전속중개계약을 체결한 경우
③ 성실 · 정확하게 중개대상물의 확인 · 설명을 하지 않은 경우
④ 거래계약서에 거래금액 등 거래내용을 거짓으로 기재한 경우
⑤ 2 이상의 중개사무소에 소속공인중개사로 소속된 경우

정답 ②

해설 소속공인중개사는 **중개계약(시작단계)**에는 관여가 안 되므로 국토교통부령이 정하는 전속중개계약서에 의하지 않고 전속중개계약을 체결한 경우에도 자격정지사유에 해당하지 않는다.

10 **공인중개사법령상 개업공인중개사의 업무정지사유이면서 중개행위를 한 소속공인중개사의 자격정지사유에 해당하는 것을 모두 고른 것은?** 제29회

㉠ 인장등록을 하지 아니한 경우
㉡ 중개대상물확인·설명서에 서명 및 날인을 하지 아니한 경우
㉢ 거래계약서에 서명 및 날인을 하지 아니한 경우
㉣ 중개대상물확인·설명서를 교부하지 않은 경우

① ㉠, ㉡ ② ㉢, ㉣ ③ ㉠, ㉡, ㉢
④ ㉡, ㉢, ㉣ ⑤ ㉠, ㉡, ㉢, ㉣

정답 ③

해설 ㉠ (○) 인장등록을 하지 아니한 경우(업무정지 + 자격정지)
㉡ (○) 중개대상물확인·설명서에 서명 및 날인을 하지 아니한 경우(업무정지 + 자격정지)
㉢ (○) 거래계약서에 서명 및 날인을 하지 아니한 경우(업무정지 + 자격정지)
㉣ (×) 중개대상물확인·설명서를 교부하지 않은 경우(업무정지만)

22 개업공인중개사에 대한 행정처분

01 공인중개사법령상 개업공인중개사에게 금지되어 있는 행위를 모두 고른 것은?

제28회

㉠ 다른 사람에게 자기의 상호를 사용하여 중개업무를 하게 하는 행위
㉡ 중개업을 하려는 공인중개사에게 중개사무소등록증을 대여하는 행위
㉢ 공인중개사를 고용하여 중개업무를 보조하게 하는 행위

① ㉡ ② ㉢ ③ ㉠, ㉡
④ ㉠, ㉢ ⑤ ㉠, ㉡, ㉢

정답 ③

해설 <u>금지되어 있는 행위 = 불법인 행위</u>

㉠ (○) 다른 사람에게 자기의 상호를 사용하여 중개업무를 하게 하는 행위 = 등록증 양도 또는 대여로서 불법이다.
㉡ (○) 중개업을 하려는 공인중개사에게 중개사무소등록증을 대여하는 행위는 불법이다.
㉢ (×) 공인중개사를 고용하여 중개업무를 보조하게 하는 행위는 할 수 있는 행위를 시켰으므로 불법이 아니다.

02 공인중개사법령상 중개사무소 개설등록의 절대적 취소사유가 <u>아닌</u> 것은? 제30회

① 개업공인중개사인 법인이 해산한 경우
② 자격정지처분을 받은 소속공인중개사로 하여금 자격정지기간 중에 중개업무를 하게 한 경우
③ 거짓 그 밖의 부정한 방법으로 중개사무소의 개설등록을 한 경우
④ 법인이 아닌 개업공인중개사가 파산선고를 받고 복권되지 아니한 경우
⑤ 공인중개사법령을 위반하여 둘 이상의 중개사무소를 둔 경우

정답 ⑤

해설 둘 이상의 중개사무소를 둔 경우 = 이중사무소는 임의적 등록취소사유이다. 그러나 이중으로 중개사무소의 개설등록을 한 경우 = 이중등록은 절대적 등록취소사유이다.

03 공인중개사법령상 중개사무소 개설등록을 취소하여야 하는 사유에 해당하는 것을 모두 고른 것은? 제32회

㉠ 개업공인중개사인 법인이 해산한 경우
㉡ 개업공인중개사가 거짓으로 중개사무소 개설등록을 한 경우
㉢ 개업공인중개사가 이중으로 중개사무소 개설등록을 한 경우
㉣ 개업공인중개사가 개설등록 후 금고 이상의 형의 집행유예를 받고 그 유예기간 중에 있게 된 경우

① ㉠, ㉡, ㉢ ② ㉠, ㉡, ㉣ ③ ㉠, ㉢, ㉣
④ ㉡, ㉢, ㉣ ⑤ ㉠, ㉡, ㉢, ㉣

정답 ⑤

해설 ㉠ (○) 개업공인중개사인 법인이 해산한 경우는 절대적 등록취소사유
㉡ (○) 거짓으로 등록을 한 경우 = 부정한 방법으로 등록한 경우로서 절대적 등록취소사유
㉢ (○) 이중으로 중개사무소 개설등록을 한 경우 = 이중등록으로서 절대적 등록취소사유
㉣ (○) 금고 이상의 형의 집행유예를 받고 그 유예기간 중에 있게 된 경우 = 등록의 결격사유로서 절대적 등록취소사유

04 공인중개사법의 내용으로 (　　)에 들어갈 숫자를 바르게 나열한 것은? 제32회

- 등록관청은 개업공인중개사가 최근 (㉠)년 이내에 이 법에 의하여 (㉡)회 이상 업무정지처분을 받고 다시 업무정지처분에 해당하는 행위를 한 경우에는 중개사무소의 개설등록을 취소하여야 한다.
- 금고 이상의 실형의 선고를 받고 그 집행이 종료(집행이 종료된 것으로 보는 경우를 포함한다)되거나 집행이 면제된 날부터 (㉢)년이 지나지 아니한 자는 중개사무소의 개설등록을 할 수 없다.
- 중개행위와 관련된 손해배상책임을 보장하기 위하여 이 법에 따라 공탁한 공탁금은 개업공인중개사가 폐업한 날부터 (㉣)년 이내에는 회수할 수 없다.

① ㉠: 1, ㉡: 2, ㉢: 1, ㉣: 3
② ㉠: 1, ㉡: 2, ㉢: 3, ㉣: 3
③ ㉠: 1, ㉡: 3, ㉢: 3, ㉣: 1
④ ㉠: 2, ㉡: 3, ㉢: 1, ㉣: 1
⑤ ㉠: 2, ㉡: 3, ㉢: 3, ㉣: 3

정답 ②

해설 • 등록관청은 개업공인중개사가 최근 (1)년 이내에 이 법에 의하여 (2)회 이상 업무정지처분을 받고 다시 업무정지처분에 해당하는 행위를 한 경우에는 중개사무소의 개설등록을 취소하여야 한다.
• 금고 이상의 실형의 선고를 받고 그 집행이 종료(집행이 종료된 것으로 보는 경우를 포함한다)되거나 집행이 면제된 날부터 (3)년이 지나지 아니한 자는 중개사무소의 개설등록을 할 수 없다.
• 중개행위와 관련된 손해배상책임을 보장하기 위하여 이 법에 따라 공탁한 공탁금은 개업공인중개사가 폐업한 날부터 (3)년 이내에는 회수할 수 없다.

05 공인중개사법령상 등록관청이 중개사무소의 개설등록을 취소하여야 하는 사유로 명시되지 않은 것은? 제33회

① 개업공인중개사가 업무정지기간 중에 중개업무를 한 경우
② 개인인 개업공인중개사가 사망한 경우
③ 개업공인중개사가 이중으로 중개사무소의 개설등록을 한 경우
④ 개업공인중개사가 천막 그 밖에 이동이 용이한 임시 중개시설물을 설치한 경우
⑤ 개업공인중개사가 최근 1년 이내에 이 법에 의하여 2회 이상 업무정지처분을 받고 다시 업무정지처분에 해당하는 행위를 한 경우

정답 ④

해설 개업공인중개사가 천막 그 밖에 이동이 용이한 **임**시 중개시설물을 설치한 경우에는 **임**의적 등록취소사유에 해당한다.

06 **공인중개사법령상 공인중개사인 개업공인중개사의 중개사무소 개설등록 취소사유에 해당하지 않는 경우는?** 제35회

① 중개대상물확인·설명서를 교부하지 아니한 경우
② 거짓으로 중개사무소의 개설등록을 한 경우
③ 업무정지기간 중에 중개업무를 한 경우
④ 공인중개사인 개업공인중개사가 개업공인중개사인 법인의 사원·임원이 된 경우
⑤ 개업공인중개사가 사망한 경우

정답 ①
해설 중개대상물확인·설명서를 교부하지 아니한 경우는 업무정지사유에 해당한다.

07 **공인중개사법령상 개업공인중개사 중개사무소의 개설등록을 취소하여야 하는 경우를 모두 고른 것은?** 제27회

㉠ 최근 1년 이내에 공인중개사법에 의하여 2회 업무정지처분을 받고 다시 업무정지처분에 해당하는 행위를 한 경우
㉡ 최근 1년 이내에 공인중개사법에 의하여 1회 업무정지처분, 2회 과태료처분을 받고 다시 업무정지처분에 해당하는 행위를 한 경우
㉢ 최근 1년 이내에 공인중개사법에 의하여 2회 업무정지처분, 1회 과태료처분을 받고 다시 업무정지처분에 해당하는 행위를 한 경우
㉣ 최근 1년 이내에 공인중개사법에 의하여 3회 과태료처분을 받고 다시 업무정지처분에 해당하는 행위를 한 경우

① ㉠ ② ㉠, ㉢ ③ ㉡, ㉣
④ ㉢, ㉣ ⑤ ㉠, ㉡, ㉢

정답 ②
해설 ㉠ (○) 업무정지가 3번째이므로 절대적 등록취소이다.
㉡ (×) 업무정지가 2회이므로 절대적 등록취소는 아니고, 가운데 위반 횟수가 3회이므로 임의적 등록취소이다.
㉢ (○) 업무정지가 3번째이므로 절대적 등록취소이다.
㉣ (×) 업무정지가 1회이므로 절대적 등록취소는 아니고, 가운데 위반 횟수가 3회이므로 임의적 등록취소이다.

08 **공인중개사법령상 등록관청이 인지하였다면 공인중개사인 개업공인중개사 甲의 중개사무소 개설등록을 취소하여야 하는 경우에 해당하지 않는 것은?** 제29회

① 甲이 2018년 9월 12일에 사망한 경우
② 공인중개사법령을 위반한 甲에게 2018년 9월 12일에 400만원 벌금형이 선고되어 확정된 경우
③ 甲이 2018년 9월 12일에 배임죄로 징역 1년, 집행유예 1년 6월이 선고되어 확정된 경우
④ 甲이 최근 1년 이내에 공인중개사법령을 위반하여 1회 업무정지처분, 2회 과태료처분을 받고 다시 업무정지처분에 해당하는 행위를 한 경우
⑤ 甲이 2018년 9월 12일에 다른 사람에게 자기의 성명을 사용하여 중개업무를 하게 한 경우

정답 ④

해설 ④ (×) 업무정지가 2번째이므로 절대적 등록취소사유가 아니다. 가운데가 3회이므로 임의적 등록취소사유
① (○) 개인인 개업공인중개사의 사망은 절대적 등록취소사유
② (○) 공인중개사법령을 위반하여 400만원 벌금형이 선고되어 확정된 경우 = 등록의 결격사유로서 절대적 등록취소사유
③ (○) 배임죄로 징역 1년, 집행유예 1년 6월이 선고되어 확정된 경우 = 등록의 결격사유로서 절대적 등록취소사유
⑤ (○) 개업공인중개사가 다른 사람에게 자기의 성명을 사용하여 중개업무를 하게 한 경우 = 등록증 양도 또는 대여로서 절대적 등록취소사유

09 **공인중개사법령상 개업공인중개사에 대한 업무정지처분을 할 수 있는 사유에 해당하는 것을 모두 고른 것은?** 제32회

> ㉠ 부동산거래정보망에 중개대상물에 관한 정보를 거짓으로 공개한 경우
> ㉡ 거래당사자에게 교부해야 하는 중개대상물확인·설명서를 교부하지 않은 경우
> ㉢ 거래당사자에게 교부해야 하는 거래계약서를 적정하게 작성·교부하지 않은 경우
> ㉣ 해당 중개대상물의 거래상의 중요사항에 관하여 거짓된 언행으로 중개의뢰인의 판단을 그르치게 하는 행위를 한 경우

① ㉠, ㉢ ② ㉡, ㉣ ③ ㉠, ㉡, ㉢
④ ㉡, ㉢, ㉣ ⑤ ㉠, ㉡, ㉢, ㉣

정답 ⑤

해설 ㉠ (○) 부동산거래정보망에 중개대상물에 관한 정보를 거짓으로 공개한 경우는 업무정지사유에 해당하므로 업무정지처분을 할 수 있다.
㉡ (○) 거래당사자에게 교부해야 하는 중개대상물확인·설명서를 교부하지 않은 경우는 업무정지사유에 해당하므로 업무정지처분을 할 수 있다.
㉢ (○) 거래당사자에게 교부해야 하는 거래계약서를 적정하게 작성·교부하지 않은 경우는 업무정지사유에 해당하므로 업무정지처분을 할 수 있다.
㉣ (○) 거짓된 언행으로 중개의뢰인의 판단을 그르치게 하는 행위를 한 경우는 **임의적 등록취소사유로서 업무정지처분을 할 수 있다.**

10 **개업공인중개사 甲은 중개업무를 하면서 법정한도를 초과하는 중개보수를 요구하여 수령하였다. 공인중개사법령상 甲의 행위에 관한 설명으로 틀린 것은?** (다툼이 있으면 판례에 따름) 제29회

① 등록관청은 甲에게 업무의 정지를 명할 수 있다.
② 등록관청은 甲의 중개사무소 개설등록을 취소할 수 있다.
③ 1년 이하의 징역 또는 1천만원 이하의 벌금 사유에 해당한다.
④ 법정한도를 초과하는 중개보수 약정은 그 한도를 초과하는 범위 내에서 무효이다.
⑤ 甲이 법정한도를 초과하는 금액을 중개의뢰인에게 반환하였다면 금지행위에 해당하지 않는다.

정답 ⑤

해설 ⑤ (×) 중개의뢰인에게 반환하였더라도 금지행위에 해당한다.
① (○) 초과보수 금지행위는 임의적 등록취소사유로서 업무의 정지를 명할 수 있다.
② (○) 초과보수 금지행위는 **임의적 등록취소사유로서 중개사무소 개설등록을 취소할 수 있다.**
③ (○) 초과보수 금지행위는 1년 – 1천의 금지행위에 해당한다.
④ (○) 전부 무효가 아니라 초과 부분만 무효이다.

11 공인중개사법령상 개업공인중개사의 사유로 중개사무소 개설등록을 취소할 수 있는 경우가 아닌 것은? 제26회

① 중개사무소 등록기준에 미달하게 된 경우
② 국토교통부령이 정하는 전속중개계약서에 의하지 아니하고 전속중개계약을 체결한 경우
③ 이동이 용이한 임시 중개시설물을 설치한 경우
④ 대통령령으로 정하는 부득이한 사유가 없음에도 계속하여 6개월을 초과하여 휴업한 경우
⑤ 손해배상책임을 보장하기 위한 조치를 이행하지 아니하고 업무를 개시한 경우

정답 ②

해설 국토교통부령이 정하는 전속중개계약서에 의하지 아니하고 전속중개계약을 체결한 경우는 업무정지사유에 해당한다. 업무정지사유는 업무의 정지를 명할 수 있다만 맞는 표현이다. **업무정지사유인데 등록을 취소할 수 있다는 틀린 표현이다.**

12 공인중개사법령상 (　　)에 들어갈 내용으로 옳은 것은? 제29회

- 다른 약정이 없는 경우 전속중개계약의 유효기간은 (㉠)로 한다.
- 거래정보사업자는 그 지정받은 날부터 (㉡) 이내에 운영규정을 정하여 국토교통부장관의 승인을 얻어야 한다.
- 개업공인중개사는 보증보험금 · 공제금 또는 공탁금으로 손해배상을 한 때에는 (㉢) 이내에 보증보험 또는 공제에 다시 가입하거나 공탁금 중 부족하게 된 금액을 보전하여야 한다.
- 등록관청은 업무정지기간의 (㉣)의 범위 안에서 가중 또는 감경할 수 있으며, 가중하여 처분하는 경우에도 업무정지기간은 (㉤)을 초과할 수 없다.

① ㉠: 3개월, ㉡: 3개월, ㉢: 15일, ㉣: 2분의 1, ㉤: 6개월
② ㉠: 3개월, ㉡: 3개월, ㉢: 15일, ㉣: 3분의 1, ㉤: 6개월
③ ㉠: 3개월, ㉡: 6개월, ㉢: 1개월, ㉣: 2분의 1, ㉤: 1년
④ ㉠: 6개월, ㉡: 3개월, ㉢: 15일, ㉣: 3분의 1, ㉤: 6개월
⑤ ㉠: 6개월, ㉡: 6개월, ㉢: 1개월, ㉣: 2분의 1, ㉤: 1년

정답 ①

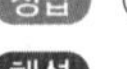
해설
- 다른 약정이 없는 경우 전속중개계약의 유효기간은 (3개월)로 한다.
- 거래정보사업자는 그 지정받은 날부터 (3개월) 이내에 운영규정을 정하여 국토교통부장관의 승인을 얻어야 한다.
- 개업공인중개사는 보증보험금 · 공제금 또는 공탁금으로 손해배상을 한 때에는 (15일) 이내에 보증보험 또는 공제에 다시 가입하거나 공탁금 중 부족하게 된 금액을 보전하여야 한다.
- 등록관청은 업무정지기간의 (2분의 1)의 범위 안에서 가중 또는 감경할 수 있으며, 가중하여 처분하는 경우에도 업무정지기간은 (6개월)을 초과할 수 없다.

13 공인중개사법령상 개업공인중개사에 대한 업무정지처분에 관한 설명으로 옳은 것은?

제24회

① 광역시장은 업무정지기간의 2분의 1 범위 안에서 가중할 수 있다.
② 업무정지기간을 가중 처분하는 경우, 그 기간은 9개월을 한도로 한다.
③ 최근 1년 이내에 이 법에 의하여 2회 이상 업무정지처분을 받은 개업공인중개사가 다시 업무정지처분에 해당하는 행위를 한 경우, 6개월의 업무정지처분을 받을 수 있다.
④ 업무정지처분은 해당사유가 발생한 날부터 2년이 된 때에는 이를 할 수 없다.
⑤ 개업공인중개사가 부동산거래정보망에 중개대상물에 관한 정보를 거짓으로 공개한 경우, 등록관청은 업무정지처분을 할 수 있다.

정답 ⑤

해설 ① **광역시장은 등록관청이 될 수 없으므로** 업무정지처분을 할 수 없다.
② 업무정지기간을 가중 처분하는 경우, 그 기간은 **6개월**을 한도로 한다.
③ 최근 1년 이내에 이 법에 의하여 2회 이상 업무정지처분을 받은 개업공인중개사가 다시 업무정지처분에 해당하는 행위를 한 경우, 등록을 취소하여야 한다.
④ 업무정지처분은 해당사유가 발생한 날부터 **3년**이 지난 때에는 이를 할 수 없다(소멸시효).

14 공인중개사법령상 개업공인중개사 업무정지의 기준에서 개별기준에 따른 업무정지기간이 6개월인 것은?

제35회

① 인장등록을 하지 않거나 등록하지 않은 인장을 사용한 경우
② 거래정보사업자에게 공개를 의뢰한 중개대상물의 거래가 완성된 사실을 그 거래정보사업자에게 통보하지 않은 경우
③ 부동산거래정보망에 중개대상물에 관한 정보를 거짓으로 공개한 경우
④ 중개대상물확인·설명서를 보존기간 동안 보존하지 않은 경우
⑤ 법령상의 전속중개계약서 서식에 따르지 않고 전속중개계약을 체결한 경우

정답 ③

해설 ③ 부동산거래정보망에 중개대상물에 관한 정보를 거짓으로 공개한 경우(6개월)
① 인장등록을 하지 않거나 등록하지 않은 인장을 사용한 경우(3개월)
② 거래정보사업자에게 공개를 의뢰한 중개대상물의 거래가 완성된 사실을 그 거래정보사업자에게 통보하지 않은 경우(3개월)
④ 중개대상물확인·설명서를 보존기간 동안 보존하지 않은 경우(3개월)
⑤ 법령상의 전속중개계약서 서식에 따르지 않고 전속중개계약을 체결한 경우(3개월)

15 공인중개사법령상 공인중개사인 개업공인중개사 甲의 중개사무소 폐업 및 재등록에 관한 설명으로 옳은 것은? 제31회

① 甲이 중개사무소를 폐업하고자 하는 경우, 국토교통부장관에게 미리 신고하여야 한다.

② 甲이 폐업 사실을 신고하고 중개사무소 간판을 철거하지 아니한 경우, 과태료 부과처분을 받을 수 있다.

③ 甲이 공인중개사법령 위반으로 2019. 2. 8. 1개월의 업무정지처분을 받았으나 2019. 7. 1. 폐업신고를 하였다가 2019. 12. 11. 다시 중개사무소 개설등록을 한 경우, 종전의 업무정지처분의 효과는 승계되지 않고 소멸한다.

④ 甲이 공인중개사법령 위반으로 2019. 1. 8. 1개월의 업무정지처분에 해당하는 행위를 하였으나 2019. 3. 5. 폐업신고를 하였다가 2019. 12. 5. 다시 중개사무소 개설등록을 한 경우, 종전의 위반행위에 대하여 1개월의 업무정지처분을 받을 수 있다.

⑤ 甲이 공인중개사법령 위반으로 2018. 2. 5. 등록취소처분에 해당하는 행위를 하였으나 2018. 3. 6. 폐업신고를 하였다가 2020. 10. 16. 다시 중개사무소 개설등록을 한 경우, 그에게 종전의 위반행위에 대한 등록취소처분을 할 수 없다.

정답 ④

해설 ④ (○) 폐업기간이 9개월(1년 이하)이므로 업무정지처분을 받을 수 있다.
① (×) 폐업신고는 **등록관청**에 해야 한다.
② (×) 폐업신고 후 중개사무소 간판을 철거하지 아니한 경우 대집행을 할 수 있다.
③ (×) 처분일부터 재등록일까지 10개월(1년 이하)이므로 과태료처분의 효과는 승계된다.
⑤ (×) 폐업기간이 2년 7개월(3년 이하)이므로 등록취소처분을 한다.

16 **개업공인중개사 甲, 乙, 丙에 대한 「공인중개사법」 제40조(행정제재처분효과의 승계 등)의 적용에 관한 설명으로 옳은 것을 모두 고른 것은?** 제32회

> ㉠ 甲이 2020. 11. 16. 공인중개사법에 따른 과태료부과처분을 받았으나 2020. 12. 16. 폐업신고를 하였다가 2021. 10. 15. 다시 중개사무소의 개설등록을 하였다면, 위 과태료부과처분의 효과는 승계된다.
> ㉡ 乙이 2020. 8. 1. 국토교통부령으로 정하는 전속중개계약서에 의하지 않고 전속중개계약을 체결한 후, 2020. 9. 1. 폐업신고를 하였다가 2021. 10. 1. 다시 중개사무소의 개설등록을 하였다면, 등록관청은 업무정지처분을 할 수 있다.
> ㉢ 丙이 2018. 8. 5. 다른 사람에게 자기의 상호를 사용하여 중개업무를 하게 한 후, 2018. 9. 5. 폐업신고를 하였다가 2021. 10. 5. 다시 중개사무소의 개설등록을 하였다면, 등록관청은 개설등록을 취소해야 한다.

① ㉠　　② ㉠, ㉡　　③ ㉠, ㉢
④ ㉡, ㉢　　⑤ ㉠, ㉡, ㉢

정답 ①

해설 ㉠ (○) 처분일부터 재등록일까지 기간이 11개월(1년 이하)이므로 과태료부과처분의 효과는 승계된다.
㉡ (×) 폐업기간이 1년 1개월(1년 초과)이므로 등록관청은 업무정지처분을 할 수 없다.
㉢ (×) 폐업기간이 3년 1개월(3년 초과)이므로 등록관청은 등록취소처분을 할 수 없다.

17 **공인중개사법령상 행정제재처분효과의 승계 등에 관한 설명으로 옳은 것을 모두 고른 것은?** 제33회

㉠ 폐업신고 전에 개업공인중개사에게 한 업무정지처분의 효과는 그 처분일부터 2년간 재등록 개업공인중개사에게 승계된다.
㉡ 폐업기간이 2년을 초과한 재등록 개업공인중개사에 대해 폐업신고 전의 중개사무소 업무정지사유에 해당하는 위반행위를 이유로 행정처분을 할 수 없다.
㉢ 폐업신고 전에 개업공인중개사에게 한 과태료부과처분의 효과는 그 처분일부터 10개월 된 때에 재등록을 한 개업공인중개사에게 승계된다.
㉣ 폐업기간이 3년 6개월이 지난 재등록 개업공인중개사에게 폐업신고 전의 중개사무소 개설등록취소사유에 해당하는 위반행위를 이유로 개설등록취소처분을 할 수 없다.

① ㉠ ② ㉠, ㉣ ③ ㉡, ㉢
④ ㉡, ㉢, ㉣ ⑤ ㉠, ㉡, ㉢, ㉣

정답 ④

해설 ㉠ (×) 폐업신고 전에 개업공인중개사에게 한 업무정지처분의 효과는 그 처분일부터 1년간 재등록 개업공인중개사에게 승계된다.
㉡ (○) 폐업기간이 2년 초과이므로 업무정지처분을 할 수 없다.
㉢ (○) 처분일부터 재등록일까지 기간이 10개월(1년 이하)이므로 과태료부과처분의 효과는 승계된다.
㉣ (○) 폐업기간이 3년 6개월(3년 초과)이므로 개설등록취소처분을 할 수 없다.

18 공인중개사법령상 행정제재처분효과의 승계 등에 관한 설명으로 옳은 것은?

제34회

① 폐업신고한 개업공인중개사의 중개사무소에 다른 개업공인중개사가 중개사무소를 개설등록한 경우 그 지위를 승계한다.

② 중개대상물에 관한 정보를 거짓으로 공개한 사유로 행한 업무정지처분의 효과는 그 처분에 대한 불복기간이 지난 날부터 1년간 다시 중개사무소의 개설등록을 한 자에게 승계된다.

③ 폐업신고 전의 위반행위에 대한 행정처분이 업무정지에 해당하는 경우로서 폐업기간이 6개월인 경우 재등록 개업공인중개사에게 그 위반행위에 대해서 행정처분을 할 수 없다.

④ 재등록 개업공인중개사에 대하여 폐업신고 전의 업무정지에 해당하는 위반행위를 이유로 행정처분을 할 때 폐업기간과 폐업의 사유는 고려하지 않는다.

⑤ 개업공인중개사가 2022. 4. 1. 과태료부과처분을 받은 후 폐업신고를 하고 2023. 3. 2. 다시 중개사무소의 개설등록을 한 경우 그 처분의 효과는 승계된다.

정답 ⑤

해설 ⑤ (○) 처분일부터 재등록일까지 기간이 11개월(1년 이하)이므로 그 처분의 효과는 승계된다.

① (×) 같은 사람일 때 그 지위를 승계한다.

② (×) 중개대상물에 관한 정보를 거짓으로 공개한 사유로 행한 업무정지처분의 효과는 그 처분일부터 1년간 다시 중개사무소의 개설등록을 한 자에게 승계된다.

③ (×) 폐업기간이 6개월(1년 이하)이므로 업무정지처분을 할 수 있다.

④ (×) 재등록 개업공인중개사에 대하여 폐업신고 전의 업무정지에 해당하는 위반행위를 이유로 행정처분을 할 때 폐업기간과 폐업의 사유는 고려해야 한다(고려할 수 있을 때 고려하세요).

23 벌 칙

01 공인중개사법령상 법정형이 1년 이하의 징역 또는 1천만원 이하의 벌금에 해당하는 자를 모두 고른 것은? 제28회

㉠ 공인중개사가 아닌 자로서 공인중개사 명칭을 사용한 자
㉡ 이중으로 중개사무소의 개설등록을 하여 중개업을 한 개업공인중개사
㉢ 개업공인중개사로부터 공개를 의뢰받지 아니한 중개대상물의 정보를 부동산거래정보망에 공개한 거래정보사업자
㉣ 중개의뢰인과 직접거래를 한 개업공인중개사

① ㉠, ㉣ ② ㉡, ㉢ ③ ㉠, ㉡, ㉢
④ ㉡, ㉢, ㉣ ⑤ ㉠, ㉡, ㉢, ㉣

정답 ③

해설 ㉠ 공인중개사가 아닌 자로서 공인중개사 명칭을 사용한 자(1년 – 1천)
㉡ 이중으로 중개사무소의 개설등록을 하여 중개업을 한 개업공인중개사(1년 – 1천)
㉢ 개업공인중개사로부터 공개를 의뢰받지 아니한 중개대상물의 정보를 부동산거래정보망에 공개한 거래정보사업자(1년 – 1천)
㉣ 중개의뢰인과 직접거래를 한 개업공인중개사(3년 – 3천)

02 공인중개사법령상 1년 이하의 징역 또는 1천만원 이하의 벌금에 해당하지 않는 자는? 제29회

① 공인중개사가 아닌 자로서 공인중개사 또는 이와 유사한 명칭을 사용한 자
② 개업공인중개사가 아닌 자로서 중개업을 하기 위하여 중개대상물에 대한 표시・광고를 한 자
③ 개업공인중개사가 아닌 자로서 "공인중개사사무소", "부동산중개" 또는 이와 유사한 명칭을 사용한 자
④ 관계 법령에서 양도・알선 등이 금지된 부동산의 분양・임대 등과 관련 있는 증서 등의 매매・교환 등을 중개한 개업공인중개사
⑤ 다른 사람에게 자기의 상호를 사용하여 중개업무를 하게 한 개업공인중개사

정답 ④

해설 관계 법령에서 양도·알선 등이 금지된 부동산의 분양·임대 등과 관련 있는 증서 등의 매매·교환 등을 중개한 개업공인중개사는 3년 이하의 징역 또는 3천만원 이하의 벌금에 처한다.

03 **공인중개사법령상 개업공인중개사가 1년 이하의 징역 또는 1천만원 이하의 벌금에 처해지는 사유로 명시된 것이 아닌 것은?** 제27회

① 공인중개사자격증을 대여한 경우
② 중개사무소등록증을 양도한 경우
③ 이중으로 중개사무소의 개설등록을 한 경우
④ 중개의뢰인과 직접거래를 한 경우
⑤ 천막 그밖에 이동이 용이한 임시 중개시설물을 설치한 경우

정답 ④

해설 중개의뢰인과 직접거래한 경우 3년 이하의 징역 또는 3천만원 이하의 벌금에 처한다.

04 **공인중개사법령상 벌금부과기준에 해당하는 자를 모두 고른 것은?** 제31회

㉠ 중개사무소 개설등록을 하지 아니하고 중개업을 한 공인중개사
㉡ 거짓으로 중개사무소의 개설등록을 한 자
㉢ 등록관청의 관할구역 안에 두 개의 중개사무소를 개설등록한 개업공인중개사
㉣ 임시 중개시설물을 설치한 개업공인중개사
㉤ 중개대상물이 존재하지 않아서 거래할 수 없는 중개대상물을 광고한 개업공인중개사

① ㉠ ② ㉠, ㉡ ③ ㉡, ㉢, ㉤
④ ㉠, ㉡, ㉢, ㉣ ⑤ ㉠, ㉡, ㉢, ㉣, ㉤

정답 ④

해설 **벌금부과기준 = 징역부과기준 ⇨ 3년 – 3천과 1년 – 1천**

㉠ (○) 중개사무소 개설등록을 하지 아니하고 중개업을 한 공인중개사(3년 – 3천)
㉡ (○) 거짓으로 중개사무소의 개설등록을 한 자(3년 – 3천)
㉢ (○) 두 개의 중개사무소를 개설등록한 개업공인중개사(1년 – 1천)
㉣ (○) 임시 중개시설물을 설치한 개업공인중개사(1년 – 1천)
㉤ (×) 중개대상물이 존재하지 않아서 거래할 수 없는 중개대상물을 광고한 개업공인중개사 ⇨ 부당한 표시·광고이므로 500만원 이하의 과태료

05 공인중개사법령상 다음의 행위를 한 자에 대하여 3년의 징역에 처할 수 있는 경우는?

제35회

① 거짓이나 그 밖의 부정한 방법으로 중개사무소의 개설등록을 한 경우
② 공인중개사가 다른 사람에게 자기의 성명을 사용하여 중개업무를 하게 한 경우
③ 등록관청의 관할구역 안에 2개의 중개사무소를 둔 경우
④ 개업공인중개사가 천막 그 밖에 이동이 용이한 임시 중개시설물을 설치한 경우
⑤ 공인중개사가 아닌 자로서 공인중개사 또는 이와 유사한 명칭을 사용한 경우

정답 ①

해설 거짓이나 그 밖의 부정한 방법으로 중개사무소의 개설등록을 한 경우 3년 이하의 징역 또는 3천만원 이하의 벌금에 처한다(**등**록 – **등**신).

06 공인중개사법령상 100만원 이하의 과태료 부과대상인 개업공인중개사에 해당하지 않는 자는?

제26회

① 중개사무소를 이전한 날부터 10일 이내에 이전신고를 하지 아니한 자
② 중개사무소등록증 원본을 게시하지 아니한 자
③ 공인중개사법에 따른 연수교육을 정당한 사유 없이 받지 아니한 자
④ 사무소의 명칭에 "공인중개사사무소" 또는 "부동산중개"라는 문자를 사용하지 아니한 자
⑤ 「옥외광고물 등의 관리와 옥외광고산업 진흥에 관한 법률」에 따른 옥외광고물에 성명을 거짓으로 표기한 자

정답 ③

해설 연수교육을 정당한 사유 없이 받지 아니한 자는 500만원 이하의 과태료를 부과한다(**오연수**).

07 **다음 중 공인중개사법령상 과태료를 부과할 경우 과태료의 부과기준에서 정하는 과태료 금액이 가장 큰 경우는?** 제30회

① 공제업무의 개선명령을 이행하지 않은 경우
② 휴업한 중개업의 재개신고를 하지 않은 경우
③ 중개사무소의 이전신고를 하지 않은 경우
④ 중개사무소등록증 원본을 게시하지 않은 경우
⑤ 휴업기간의 변경신고를 하지 않은 경우

정답 ①

해설 ① 공제업무의 개선명령을 이행하지 않은 경우(500만원 이하의 과태료)
② 휴업한 중개업의 재개신고를 하지 않은 경우(100만원 이하의 과태료)
③ 중개사무소의 이전신고를 하지 않은 경우(100만원 이하의 과태료)
④ 중개사무소등록증 원본을 게시하지 않은 경우(100만원 이하의 과태료)
⑤ 휴업기간의 변경신고를 하지 않은 경우(100만원 이하의 과태료)

08 **공인중개사법령상 과태료 부과대상자가 아닌 것은?** 제28회

① 연수교육을 정당한 사유 없이 받지 아니한 소속공인중개사
② 신고한 휴업기간을 변경하고 변경신고를 하지 아니한 개업공인중개사
③ 중개사무소의 개설등록 취소에 따른 중개사무소등록증 반납의무를 위반한 자
④ 중개사무소의 이전신고 의무를 위반한 개업공인중개사
⑤ 개업공인중개사가 아닌 자로서 중개업을 하기 위하여 중개대상물에 대한 표시·광고를 한 자

정답 ⑤

해설 개업공인중개사가 아닌 자로서 중개업을 하기 위하여 중개대상물에 대한 표시·광고를 한 자는 1년 이하의 징역 또는 1천만원 이하의 벌금에 처한다.

09 공인중개사법령상 개업공인중개사의 행위 중 과태료 부과대상이 아닌 것은?

제32회

① 중개대상물의 거래상의 중요사항에 관해 거짓된 언행으로 중개의뢰인의 판단을 그르치게 한 경우
② 휴업신고에 따라 휴업한 중개업을 재개하면서 등록관청에 그 사실을 신고하지 않은 경우
③ 중개대상물에 관한 권리를 취득하려는 중개의뢰인에게 해당 중개대상물의 권리관계를 성실·정확하게 확인·설명하지 않은 경우
④ 인터넷을 이용하여 중개대상물에 대한 표시·광고를 하면서 중개대상물의 종류별로 가격 및 거래형태를 명시하지 않은 경우
⑤ 연수교육을 정당한 사유 없이 받지 않은 경우

정답 ①

해설 중개대상물의 거래상의 중요사항에 관해 거짓된 언행으로 중개의뢰인의 판단을 그르치게 한 경우 1년 이하의 징역 또는 1천만원 이하의 벌금에 처한다.

10 공인중개사법령상 과태료 부과대상자와 부과기관의 연결이 틀린 것은?

제29회

① 공제사업 운용실적을 공시하지 아니한 자 - 국토교통부장관
② 공인중개사협회의 임원에 대한 징계·해임의 요구를 이행하지 아니한 자 - 국토교통부장관
③ 연수교육을 정당한 사유 없이 받지 아니한 자 - 등록관청
④ 휴업기간의 변경신고를 하지 아니한 자 - 등록관청
⑤ 성실·정확하게 중개대상물의 확인·설명을 하지 아니한 개업공인중개사 - 등록관청

정답 ③

해설 연수교육을 정당한 사유 없이 받지 아니한 자에 대한 과태료는 시·도지사가 부과·징수한다(자격취소 후 자격증을 반납하지 아니한 자에 대한 과태료도 시·도지사가 부과한다).

11 **공인중개사법령상 과태료의 부과대상자와 부과기관이 바르게 연결된 것을 모두 고른 것은?** 제31회

㉠ 부동산거래정보망의 이용 및 정보제공방법 등에 관한 운영규정의 내용을 위반하여 부동산거래정보망을 운영한 거래정보사업자 – 국토교통부장관
㉡ 공인중개사법령에 따른 보고의무를 위반하여 보고를 하지 아니한 거래정보사업자 – 국토교통부장관
㉢ 중개사무소등록증 원본을 게시하지 아니한 개업공인중개사 – 등록관청
㉣ 공인중개사 자격이 취소된 자로 공인중개사자격증을 반납하지 아니한 자 – 등록관청
㉤ 중개사무소 개설등록이 취소된 자로 중개사무소등록증을 반납하지 아니한 자 – 시・도지사

① ㉠, ㉢ ② ㉠, ㉡, ㉢ ③ ㉡, ㉣, ㉤
④ ㉠, ㉡, ㉢, ㉣ ⑤ ㉠, ㉡, ㉢, ㉣, ㉤

정답 ②

해설 ㉣ (×) 공인중개사 자격이 취소된 자로 공인중개사자격증을 반납하지 아니한 자 – 시・도지사
㉤ (×) 중개사무소 개설등록이 취소된 자로 중개사무소등록증을 반납하지 아니한 자 – 등록관청

부동산 거래신고 등에 관한 법령

Part
02 부동산 거래신고 등에 관한 법령

01 부동산 거래신고

01 부동산 거래신고 등에 관한 법령상 부동산 거래신고의 대상이 되는 계약을 모두 고른 것은? 제28회

㉠ 「건축물의 분양에 관한 법률」에 따른 부동산에 대한 공급계약
㉡ 「도시개발법」에 따른 부동산에 대한 공급계약
㉢ 「주택법」에 따른 부동산에 대한 공급계약을 통하여 부동산을 공급받는 자로 선정된 지위의 매매계약
㉣ 「도시 및 주거환경정비법」에 따른 관리처분계획의 인가로 취득한 입주자로 선정된 지위의 매매계약

① ㉠, ㉡ ② ㉢, ㉣ ③ ㉠, ㉡, ㉢
④ ㉡, ㉢, ㉣ ⑤ ㉠, ㉡, ㉢, ㉣

정답 ⑤

해설 주택을 정비해서 분양하는 건 택도업공 + 공급계약(㉠, ㉡), 주택을 정비해서 분양하는 건 택도업공 + 공급받는 자로 선정된 지위의 매매계약(㉢), 정비법 + 입주자로 선정된 지위의 매매계약(㉣) ⇨ 모두 다 신고대상이다.

02 **부동산 거래신고 등에 관한 법령상 부동산 거래신고의 대상이 되는 계약이 아닌 것은?** 제30회

① 「주택법」에 따라 공급된 주택의 매매계약
② 「택지개발촉진법」에 따라 공급된 토지의 임대차계약
③ 「도시개발법」에 따른 부동산에 대한 공급계약
④ 「체육시설의 설치·이용에 관한 법률」에 따라 등록된 시설이 있는 건물의 매매계약
⑤ 「도시 및 주거환경정비법」에 따른 관리처분계약의 인가로 취득한 입주자로 선정된 지위의 매매계약

정답 ②
해설 임대차계약은 신고대상인 계약이 아니다. **매매계약(공급계약)만 신고대상이다.**

03 **부동산 거래신고 등에 관한 법령상 부동산 거래신고의 대상이 아닌 것은?** 제35회

① 「주택법」에 따른 조정대상지역에 소재하는 주택의 증여계약
② 「공공주택」 특별법에 따른 부동산의 공급계약
③ 토지거래허가를 받은 토지의 매매계약
④ 「택지개발촉진법」에 따른 부동산 공급계약을 통하여 부동산을 공급받는 자로 선정된 지위의 매매계약
⑤ 「빈집 및 소규모주택 정비에 관한 특례법」에 따른 사업시행계획인가로 취득한 입주자로 선정된 지위의 매매계약

정답 ①
해설 증여계약은 신고대상인 계약이 아니다. **매매계약(공급계약)만 신고대상이다.**

04 **부동산 거래신고 등에 관한 법령상 부동산 거래신고에 관한 설명으로 옳은 것은? (다툼이 있으면 판례에 따름)** 제30회

① 개업공인중개사가 거래계약서를 작성·교부한 경우 거래당사자는 60일 이내에 부동산 거래신고를 하여야 한다.

② 소속공인중개사 및 중개보조원은 부동산 거래신고를 할 수 있다.

③ 「지방공기업법」에 따른 지방공사와 개인이 매매계약을 체결한 경우 양 당사자는 공동으로 신고하여야 한다.

④ 거래대상 부동산의 공법상 거래규제 및 이용제한에 관한 사항은 부동산거래계약신고서의 기재사항이다.

⑤ 매매대상 토지 중 공장부지로 편입되지 아니할 부분의 토지를 매도인에게 원가로 반환한다는 조건을 당사자가 약정한 경우 그 사항은 신고사항이다.

정답 ⑤

해설 ① 개업공인중개사가 거래계약서를 작성·교부한 경우 **개업공인중개사는 30일 이내**에 부동산 거래신고를 하여야 한다.

② 중개보조원은 부동산 거래신고를 할 수 없다.

③ 「지방공기업법」에 따른 지방공사와 개인이 매매계약을 체결한 경우 지방공사가 단독으로 신고하여야 한다.

④ 거래대상 부동산의 공법상 거래규제 및 이용제한에 관한 사항은 부동산거래계약신고서의 기재사항이 아니고, 확인·설명서 기재사항이다.

05 **부동산 거래신고 등에 관한 법령상 부동산 매매계약에 관한 신고사항 및 신고서의 작성에 관한 설명으로 옳은 것은?** 제31회

① 「국토의 계획 및 이용에 관한 법률」에 따른 개발제한사항은 신고사항에 포함되지 않는다.

② 「주택법」에 따라 지정된 투기과열지구에 소재하는 주택으로서 실제 거래가격이 3억원 이상인 주택의 거래계약을 체결한 경우 신고서를 제출할 때 매수인과 매도인이 공동으로 서명 및 날인한 자금조달·입주계획서를 함께 제출하여야 한다.

③ 부동산거래계약신고서의 물건별 거래가격란에 발코니 확장 등 선택비용에 대한 기재란은 없다.

④ 부동산거래계약신고서를 작성할 때 건축물의 면적은 집합건축물의 경우 연면적을 적고, 그 밖의 건축물의 경우 전용면적을 적는다.

⑤ 개업공인중개사가 거짓으로 부동산거래계약신고서를 작성하여 신고한 경우에는 벌금형 부과사유가 된다.

정답 ①

해설 ② 자금조달·입주계획서는 매수인만 작성하고, **매수인만 서명 또는 날인**한다.

③ 공급계약과 전매계약(분양권, 입주권)은 발코니 확장 등 선택비용을 기재해야 한다.

④ 부동산거래계약신고서를 작성할 때 건축물의 면적은 **집**합건축물의 경우 **전**용면적을 적고, 그 밖의 건축물의 경우 연면적을 적는다.

⑤ 개업공인중개사가 거짓으로 부동산거래계약신고서를 작성하여 신고한 경우 취득가액 100분의 10 이하에 상당하는 금액의 과태료를 부과한다(**벌금형 ≠ 과태료**).

06 **부동산 거래신고 등에 관한 법령상 부동산 거래신고에 관한 설명으로 옳은 것은?**

제31회

① 부동산매매계약을 체결한 경우 거래당사자는 거래계약의 체결일부터 3개월 이내에 신고관청에 단독 또는 공동으로 신고하여야 한다.

② 「주택법」에 따라 지정된 조정대상지역에 소재하는 주택으로서 실제 거래가격이 5억원이고, 매수인이 국가인 경우 국가는 매도인과 공동으로 실제거래가격 등을 신고하여야 한다.

③ 권리대상인 부동산 소재지를 관할하는 특별자치도 행정시의 시장은 부동산 거래신고의 신고관청이 된다.

④ 개업공인중개사가 거래계약서를 작성・교부한 경우에는 거래당사자 또는 해당 개업공인중개사가 신고할 수 있다.

⑤ 부동산 거래계약을 신고하려는 개업공인중개사는 부동산거래계약신고서에 서명 또는 날인하여 관할 등록관청에 제출하여야 한다.

정답 ③

해설 ① 부동산매매계약을 체결한 경우 거래당사자는 거래계약의 체결일부터 **30일 이내**에 신고관청에 공동으로 신고하여야 한다.

② 국가가 단독 신고를 하여야 하고, 국가가 매수인이므로 자금조달・입주계획서를 제출하지는 않는다.

④ 개업공인중개사가 거래계약서를 작성・교부한 경우에는 해당 개업공인중개사가 신고하여야 한다(거래당사자는 신고의무×).

⑤ 부동산 거래계약을 신고하려는 개업공인중개사는 부동산거래계약신고서에 서명 또는 날인하여 관할 **신고관청**에 제출하여야 한다.

07 **甲이 건축법 시행령에 따른 단독주택을 매수하는 계약을 체결하였을 때, 부동산 거래신고 등에 관한 법령에 따라 甲 본인이 그 주택에 입주할지 여부를 신고해야 하는 경우를 모두 고른 것은?** (甲, 乙, 丙은 자연인이고, 丁은 지방공기업법상 지방공단임) 제32회

㉠ 甲이 「주택법」상 투기과열지구에 소재하는 乙 소유의 주택을 실제 거래가격 3억원으로 매수하는 경우
㉡ 甲이 「주택법」상 '투기과열지구 또는 조정대상지역' 외의 장소에 소재하는 丙소유의 주택을 실제 거래가격 5억원으로 매수하는 경우
㉢ 甲이 「주택법」상 투기과열지구에 소재하는 丁 소유의 주택을 실제 거래가격 10억원으로 매수하는 경우

① ㉠ ② ㉡ ③ ㉠, ㉡
④ ㉠, ㉢ ⑤ ㉡, ㉢

정답 ④

해설 ㉠ (○) 투기과열지구 내이므로 금액 상관없이 자금조달·입주계획서를 제출해야 한다.
㉡ (×) 비규제지역이므로 6억원 이상의 경우에만 자금조달·입주계획서를 제출해야 한다. 실제 거래가격 5억원으로 매수하는 경우에는 제출하지 않는다.
㉢ (○) 투기과열지구 내이므로 금액 상관없이 자금조달·입주계획서를 제출해야 한다. **지방공단이 매도인이므로 자금조달·입주계획서를 제출해야 한다.**

08 **부동산 거래신고 등에 관한 법령상 부동산 매매계약의 거래신고에 관한 설명으로 틀린 것은?** (단, 거래당사자는 모두 자연인이고, 공동중개는 고려하지 않음) 제34회

① 신고할 때는 실제 거래가격을 신고해야 한다.
② 거래당사자 간 직접거래의 경우 매도인이 거래신고를 거부하면 매수인이 단독으로 신고할 수 있다.
③ 거래신고 후에 매도인이 매매계약을 취소하면 매도인이 단독으로 취소를 신고해야 한다.
④ 개업공인중개사가 매매계약의 거래계약서를 작성·교부한 경우에는 그 개업공인중개사가 신고를 해야 한다.
⑤ 개업공인중개사가 매매계약을 신고한 경우에 그 매매계약이 해제되면 그 개업공인중개사가 해제를 신고할 수 있다.

정답 ③

해설 거래신고 후에 매도인이 매매계약을 취소하면 **매도인과 매수인이 공동으로 취소를 신고해야 한다.**

09 부동산 거래신고 등에 관한 법령상 부동산 거래신고에 관한 설명으로 틀린 것은?

제35회

① 거래당사자 또는 개업공인중개사 부동산 거래계약 신고 내용 중 거래 지분 비율이 잘못 기재된 경우 신고관청에 신고 내용의 정정을 신청할 수 있다.
② 자연인 甲이 단독으로 「주택법」상 투기과열지구 외에 소재하는 주택을 실제 거래가격 6억원으로 매수한 경우 입주 예정 시기 등 그 주택의 이용계획은 신고사항이다.
③ 법인이 주택의 매수자로서 거래계약을 체결한 경우 임대 등 그 주택의 이용 계획은 신고사항이다.
④ 부동산의 매수인은 신고인이 부동산거래계약 신고필증을 발급받은 때에 「부동산등기 특별조치법」에 따른 검인을 받은 것으로 본다.
⑤ 개업공인중개사가 신고한 후 해당 거래계약이 해제된 경우 그 계약을 해제한 거래당사자는 해제가 확정된 날부터 30일 이내에 해당 신고관청에 단독으로 신고하여야 한다.

정답 ⑤

해설 중개거래라 하더라도 **개업공인중개사는 해제 등 신고의무가 없다.** 따라서 그 계약을 해제한 거래당사자는 해제가 확정된 날부터 30일 이내에 해당 신고관청에 **공동으로** 신고하여야 한다.

10 부동산 거래신고 등에 관한 법령상 부동산거래계약 신고내용의 정정신청사항이 아닌 것은?

제30회

① 거래대상 건축물의 종류
② 개업공인중개사의 성명·주소
③ 거래대상 부동산의 면적
④ 거래 지분 비율
⑤ 거래당사자의 전화번호

정답 ②

해설 개업공인중개사의 성명 등은 정정신청대상이 아니다. 부동산 **소**재지, 거래**금**액, 계약**일(日)**도 정정신청대상이 아니다.

11 부동산 거래신고 등에 관한 법령상 부동산 거래계약의 변경신고사항이 아닌 것은?

제35회

① 거래가격
② 공동매수의 경우 매수인의 추가
③ 거래 지분 비율
④ 거래대상 부동산의 면적
⑤ 거래 지분

정답 ②

해설 공동매수의 경우 매수인의 **추가 또는 교체는 변경신고사항에 해당하지 않는다**. 그러나 매수인의 제외는 변경신고사항에 해당한다.

12 부동산 거래신고 등에 관한 법령상 부동산거래계약신고서 작성에 관한 설명으로 틀린 것은?

제33회

① 거래당사자가 외국인인 경우 거래당사자의 국적을 반드시 적어야 한다.
② '계약대상 면적'란에는 실제 거래면적을 계산하여 적되, 건축물 면적은 집합건축물의 경우 전용면적을 적는다.
③ '종전 부동산'란은 입주권 매매의 경우에만 작성한다.
④ '계약의 조건 및 참고사항'란은 부동산 거래계약 내용에 계약조건이나 기한을 붙인 경우, 거래와 관련한 참고내용이 있을 경우에 적는다.
⑤ 거래대상의 종류가 공급계약(분양)인 경우 물건별 거래가격 및 총 실제 거래가격에 부가가치세를 제외한 금액을 적는다.

정답 ⑤

해설 거래대상의 종류가 **공급계약(분양)**인 경우 물건별 거래가격 및 총 실제 거래가격에 **부가가치세를 포함한 금액**을 적는다.

13 **부동산 거래신고 등에 관한 법령상 부동산거래계약신고서의 작성방법으로 틀린 것은?**

제34회

① 관련 필지 등 기재사항이 복잡한 경우에는 다른 용지에 작성하여 간인 처리한 후 첨부한다.

② '거래대상'의 '종류' 중 '공급계약'은 시행사 또는 건축주 등이 최초로 부동산을 공급(분양)하는 계약을 말한다.

③ '계약대상 면적'란에는 실제 거래면적을 계산하여 적되, 집합 건축물이 아닌 건축물의 경우 건축물 면적은 연면적을 적는다.

④ '거래대상'의 '종류' 중 '임대주택 분양전환'은 법인이 아닌 임대주택사업자가 임대기한이 완료되어 분양전환하는 주택인 경우에 √표시를 한다.

⑤ 전매계약(분양권, 입주권)의 경우 '물건별 거래가격'란에는 분양가격, 발코니 확장 등 선택비용 및 추가 지급액 등을 각각 적되, 각각의 비용에 대한 부가가치세가 있는 경우 이를 포함한 금액으로 적는다.

정답 ④

해설 '거래대상'의 '종류' 중 '임대주택 분양전환'은 **임대주택사업자(법인인 임대주택사업자에 한함)**가 임대기한이 완료되어 분양전환하는 주택인 경우에 √표시를 한다.

14 **부동산 거래신고 등에 관한 법령상 신고대상인 부동산 거래계약의 신고에 관한 설명으로 <u>틀린</u> 것은?** 제28회

① 사인 간의 거래를 중개한 개업공인중개사가 거래계약서를 작성·교부한 경우, 해당 개업공인중개사가 거래신고를 해야 한다.

② 부동산의 매수인은 신고인이 부동산거래계약 신고필증을 발급받은 때에 「부동산등기 특별조치법」에 따른 검인을 받은 것으로 본다.

③ 개업공인중개사의 위임을 받은 소속공인중개사가 부동산거래계약신고서의 제출을 대행하는 경우, 소속공인중개사는 신분증명서를 신고관청에 보여주어야 한다.

④ 거래당사자 중 일방이 국가인 경우, 국가가 부동산 거래계약의 신고를 해야 한다.

⑤ 신고관청은 거래대금 지급을 증명할 수 있는 자료를 제출하지 아니한 사실을 자진 신고한 자에 대하여 과태료를 감경 또는 면제할 수 있다.

정답 ⑤

해설 거래대금 지급을 증명할 수 있는 자료를 제출하지 아니한 사실(**<u>3천</u>**만원 이하의 과태료)을 자진 신고한 자는 감면 대상이 아니다(외**<u>삼촌</u>**은 감면대상이 아니다).

02 주택임대차계약의 신고

01 **개업공인중개사 甲이 A도 B시 소재의 X주택에 관한 乙과 丙 간의 임대차계약 체결을 중개하면서 「부동산 거래신고 등에 관한 법률」에 따른 주택임대차계약의 신고에 관하여 설명한 내용의 일부이다. ( )에 들어갈 숫자를 바르게 나열한 것은?** (X주택은 「주택임대차보호법」의 적용대상이며, 乙과 丙은 자연인임) 제32회

> 보증금이 (㉠)천만원을 초과하거나 월차임이 (㉡)만원을 초과하는 주택임대차계약을 신규로 체결한 계약당사자는 그 보증금 또는 차임 등을 임대차계약의 체결일부터 (㉢)일 이내에 주택 소재지를 관할하는 신고관청에 공동으로 신고해야 한다.

① ㉠: 3, ㉡: 30, ㉢: 60
② ㉠: 3, ㉡: 50, ㉢: 30
③ ㉠: 6, ㉡: 30, ㉢: 30
④ ㉠: 6, ㉡: 30, ㉢: 60
⑤ ㉠: 6, ㉡: 50, ㉢: 60

정답 ③

해설 보증금이 (6)천만원을 초과하거나 월차임이 (30)만원을 초과하는 주택임대차계약을 신규로 체결한 계약당사자는 그 보증금 또는 차임 등을 임대차계약의 체결일부터 (30)일 이내에 주택 소재지를 관할하는 신고관청에 공동으로 신고해야 한다.

02 **甲이 서울특별시에 있는 자기 소유의 주택에 대해 임차인 乙과 보증금 3억원의 임대차계약을 체결하는 경우, 「부동산 거래신고 등에 관한 법률」에 따른 신고에 관한 설명으로 옳은 것을 모두 고른 것은?** (단, 甲과 乙은 자연인임) 제34회

㉠ 보증금이 증액되면 乙이 단독으로 신고해야 한다.
㉡ 乙이 「주민등록법」에 따라 전입신고를 하는 경우 주택임대차계약의 신고를 한 것으로 본다.
㉢ 임대차계약서를 제출하면서 신고를 하고 접수가 완료되면 「주택임대차보호법」에 따른 확정일자가 부여된 것으로 본다.

① ㉠ ② ㉡ ③ ㉠, ㉡
④ ㉡, ㉢ ⑤ ㉠, ㉡, ㉢

정답 ④

해설 ㉠ (×) 보증금이 증액되면 임대인과 임차인이 공동으로 신고해야 한다. 그러나 금액의 증감없이 기간만 연장하는 계약은 제외한다.
㉡ (○) 전입신고를 하는 경우 주택임대차계약의 신고가 의제된다.
㉢ (○) 임대차계약서를 제출하면서 신고를 하면 공동으로 주택임대차계약의 신고를 한 것으로 의제되고, 확정일자 부여도 의제된다.

03 **부동산 거래신고 등에 관한 법령상 주택 임대차계약의 신고에 관한 설명으로 옳은 것은?** (단, 다른 법률에 따른 신고의 의제는 고려하지 않음) 제35회

① A특별자치시 소재 주택으로서 보증금이 6천만원이고 월차임이 30만원으로 임대차계약을 신규 체결한 경우 신고대상이다.
② B시 소재 주택으로서 보증금이 5천만원이고 월차임이 40만원으로 임대차계약을 신규 체결한 경우 신고대상이 아니다.
③ 자연인 甲과 「지방공기업법」에 따른 지방공사 乙이 신고대상인 주택 임대차계약을 체결한 경우 甲과 乙은 관할 신고관청에 공동으로 신고하여야 한다.
④ C광역시 D군 소재 주택으로서 보증금이 1억원이고 월차임이 100만원으로 신고된 임대차계약에서 보증금 및 차임의 증감 없이 임대차 기간만 연장하는 갱신계약은 신고대상이 아니다.
⑤ 개업공인중개사가 신고대상인 주택 임대차계약을 중개한 경우 해당 개업공인중개사가 신고하여야 한다.

정답 ④

해설 ① 보증금이 6천만원 초과하거나 월차임이 30만원 초과하는 주택임대차계약이 신고대상이다. 따라서 보증금 6천만원, 월차임 30만원은 초과된 것이 없으므로 신고대상이 아니다.
② 월차임이 40만원은 30만원 초과이므로 신고대상이다.
③ 「지방공기법」에 따른 지방공사가 단독으로 신고하여야 한다.
⑤ 개업공인중개사는 주택임대차신고의무가 없다.

03 외국인 취득특례

01 부동산 거래신고 등에 관한 법령상 외국인 등에 해당되는 것을 모두 고른 것은?

제33회

㉠ 국제연합의 전문기구
㉡ 대한민국의 국적을 보유하고 있지 아니한 개인
㉢ 외국의 법령에 따라 설립된 법인
㉣ 비정부 간 국제기구
㉤ 외국 정부

① ㉠, ㉡ ② ㉡, ㉢, ㉤ ③ ㉠, ㉡, ㉢, ㉤
④ ㉠, ㉢, ㉣, ㉤ ⑤ ㉠, ㉡, ㉢, ㉣, ㉤

정답 ⑤

해설 모두 외국인에 해당한다.

02 부동산 거래신고 등에 관한 법령상 외국인 등의 부동산 취득 등에 관한 특례에 대한 설명으로 옳은 것은? (단, 헌법과 법률에 따라 체결된 조약의 이행에 필요한 경우는 고려하지 않고, 군사기지 및 군사시설 보호구역은 아님) 제30회

① 국제연합의 전문기구가 경매로 대한민국 안의 부동산 등을 취득한 때에는 부동산 등을 취득한 날부터 3개월 이내에 신고관청에 신고하여야 한다.

② 외국인 등이 부동산 임대차계약을 체결하는 경우 계약체결일로부터 6개월 이내에 신고관청에 신고하여야 한다.

③ 특별자치시장은 외국인 등이 신고한 부동산 등의 취득·계속보유신고내용을 매 분기 종료일부터 1개월 이내에 직접 국토교통부장관에게 제출하여야 한다.

④ 외국인 등의 토지거래허가신청서를 받은 신고관청은 원칙적으로 신청서를 받은 날부터 30일 이내에 허가 또는 불허가 처분을 하여야 한다.

⑤ 외국인 등이 법원의 확정판결로 대한민국 안의 부동산 등을 취득한 때에는 신고하지 않아도 된다.

정답 ③

해설 ① 국제연합의 전문기구가 경매로 대한민국 안의 부동산 등을 취득한 때에는 부동산 등을 취득한 날부터 **6개월** 이내에 신고관청에 신고하여야 한다.

② 외국인 등이 부동산 임대차계약을 체결하는 경우 외국인 취득특례가 적용되지 않는다.

④ 외국인 등의 토지거래허가신청서를 받은 신고관청은 신청서를 받은 날부터 15일 이내에 허가 또는 불허가 처분을 하여야 한다. 그러나 **군사기지 및 군사시설 보호구역의 경우 30일 이내** 허가 또는 불허가 처분을 하여야 한다. 다만, 부득이한 사유가 있는 경우 **30일의 범위 안에서 그 기간을 연장**할 수 있다.

⑤ 외국인 등이 법원의 확정판결은 계약 외이므로 취득한 날부터 **6개월 이내에 신고**해야 한다.

03 **부동산 거래신고 등에 관한 법령상 외국인 등의 부동산 취득 등에 관한 설명으로 옳은 것을 모두 고른 것은?** 제31회

> ㉠ 국제연합도 외국인 등에 포함된다.
> ㉡ 외국인 등이 대한민국 안의 부동산에 대한 매매계약을 체결하였을 때에는 계약체결일부터 60일 이내에 신고관청에 신고하여야 한다.
> ㉢ 외국인이 상속으로 대한민국 안의 부동산을 취득한 때에는 부동산을 취득한 날부터 1년 이내에 신고관청에 신고하여야 한다.
> ㉣ 외국인이 「수도법」에 따른 상수원보호구역에 있는 토지를 취득하려는 경우 토지취득계약을 체결하기 전에 신고관청으로부터 토지취득의 허가를 받아야 한다.

① ㉠　② ㉠, ㉣　③ ㉡, ㉢
④ ㉠, ㉡, ㉣　⑤ ㉠, ㉡, ㉢, ㉣

정답 ①

해설 ㉡ (×) 외국인 등이 대한민국 안의 부동산에 대한 **매매계약**을 체결하였을 때에는 계약체결일부터 **30일 이내에 신고관청에 부동산 거래신고**를 하여야 한다.
㉢ (×) 외국인이 **상속**으로 대한민국 안의 부동산을 취득한 때에는 부동산을 취득한 날부터 **6개월 이내**에 신고관청에 신고하여야 한다.
㉣ (×) 상수원보호구역은 허가를 받아야 하는 구역이 아니다(**야생보호군**).

04 부동산 거래신고 등에 관한 법령상 외국인 등의 부동산 취득에 관한 설명으로 옳은 것을 모두 고른 것은? (단, 법 제7조에 따른 상호주의는 고려하지 않음) 제32회

㉠ 대한민국의 국적을 보유하고 있지 않은 개인이 이사 등 임원의 2분의 1 이상인 법인은 외국인 등에 해당한다.
㉡ 외국인 등이 건축물의 개축을 원인으로 대한민국 안의 부동산을 취득한 때에도 부동산 취득신고를 해야 한다.
㉢ 「군사기지 및 군사시설 보호법」에 따른 군사기지 및 군사시설 보호구역 안의 토지는 외국인 등이 취득할 수 없다.
㉣ 외국인 등이 허가 없이 「자연환경보전법」에 따른 생태·경관보전지역 안의 토지를 취득하는 계약을 체결한 경우 그 계약은 효력이 발생하지 않는다.

① ㉠, ㉢　② ㉠, ㉣　③ ㉠, ㉡, ㉣
④ ㉡, ㉢, ㉣　⑤ ㉠, ㉡, ㉢, ㉣

정답 ③

해설 ㉢ (×) 「군사기지 및 군사시설 보호법」에 따른 군사기지 및 군사시설 보호구역 안의 토지는 **사전 허가를 받고** 외국인 등이 취득할 수 있다.

05 부동산 거래신고 등에 관한 법령상 외국인의 부동산 취득 등에 관한 설명으로 옳은 것은? (단, 상호주의에 따른 제한은 고려하지 않음) 제33회 수정

① 「자연환경보전법」에 따른 생태・경관보전지역에서 외국인이 토지취득의 허가를 받지 아니하고 체결한 토지취득계약은 유효하다.

② 외국인이 건축물의 신축을 원인으로 대한민국 안의 부동산을 취득한 때에는 신고관청으로부터 부동산 취득의 허가를 받아야 한다.

③ 외국인이 취득하려는 토지가 토지거래허가구역과 「문화유산의 보존 및 활용에 관한 법률」 제2조 제3항에 따른 지정문화유산과 이를 위한 보호물 또는 보호구역에 있으면 토지거래계약허가와 토지취득허가를 모두 받아야 한다.

④ 대한민국 안의 부동산을 가지고 있는 대한민국 국민이 외국인으로 변경된 경우 그 외국인이 해당 부동산을 계속 보유하려는 경우에는 부동산 보유의 허가를 받아야 한다.

⑤ 군사기지 및 군사시설 보호구역의 경우 외국인으로부터 토지취득의 허가신청서를 받은 신고관청은 신청서를 받은 날부터 30일 이내에 허가 또는 불허가 처분을 해야 한다. 다만, 부득이한 사유가 있는 경우에는 30일의 범위 안에서 그 기간을 연장할 수 있다.

정답 ⑤

해설 ① 「자연환경보전법」에 따른 생태・경관보전지역에서 외국인이 토지취득의 허가를 받지 아니하고 체결한 토지취득계약은 무효이다.

② 건축물의 **신축(계약 외)**은 취득한 날부터 6개월 이내에 신고해야 한다.

③ 외국인이 토지거래계약허가를 받은 경우 토지취득허가는 불필요하다(**허가 두 번**×).

④ 계속보유신고를 해야 한다.

06 **부동산 거래신고 등에 관한 법령상 국내 토지를 외국인이 취득하는 것에 관한 설명이다. (   )에 들어갈 숫자로 옳은 것은?** (단, 상호주의에 따른 제한은 고려하지 않음) 제34회

- 외국인이 토지를 매수하는 계약을 체결하면 계약체결일부터 (㉠)일 이내에 신고해야 한다.
- 외국인이 토지를 증여받는 계약을 체결하면 계약체결일부터 (㉡)일 이내에 신고해야 한다.
- 외국인이 토지를 상속받으면 취득일부터 (㉢)개월 이내에 신고해야 한다.

① ㉠: 30, ㉡: 30, ㉢: 3
② ㉠: 30, ㉡: 30, ㉢: 6
③ ㉠: 30, ㉡: 60, ㉢: 6
④ ㉠: 60, ㉡: 30, ㉢: 3
⑤ ㉠: 60, ㉡: 60, ㉢: 6

정답 ③

해설
- 외국인이 토지를 매수하는 계약을 체결하면 계약체결일부터 (30)일 이내에 신고해야 한다.
- 외국인이 토지를 증여받는 계약을 체결하면 계약체결일부터 (60)일 이내에 신고해야 한다.
- 외국인이 토지를 상속받으면 취득일부터 (6)개월 이내에 신고해야 한다.

07 **부동산 거래신고 등에 관한 법령상 외국인 등의 대한민국 안의 부동산**(이하 "국내 부동산"이라 함) **취득에 관한 설명으로 <u>틀린</u> 것은?** (단, 상호주의에 따른 제한은 고려하지 않음) 제35회

① 정부간 기구는 외국인 등에 포함된다.

② 외국의 법령에 따라 설립된 법인이 건축물의 신축으로 국내 부동산을 취득한 때에는 부동산을 취득한 날부터 60일 이내에 신고관청에 취득신고를 하여야 한다.

③ 외국인이 국내 부동산을 취득하는 교환계약을 체결하였을 때에는 계약체결일부터 60일 이내에 신고관청에 취득신고를 하여야 한다.

④ 외국인이 국내 부동산을 매수하기 위하여 체결한 매매계약은 부동산 거래신고의 대상이다.

⑤ 국내 부동산을 가지고 있는 대한민국 국민이 외국인으로 변경된 경우 그 외국인이 해당 부동산을 계속 보유하려는 때에는 외국인으로 변경된 날부터 6개월 이내에 신고관청에 계속보유신고를 하여야 한다.

정답 ②

해설 외국의 법령에 따라 설립된 법인이 건축물의 **<u>신축(계약 외)</u>**으로 국내 부동산을 취득한 때에는 부동산을 취득한 날부터 **<u>6개월</u>** 이내에 신고관청에 취득신고를 하여야 한다.

04 토지거래허가제도

01 부동산 거래신고 등에 관한 법령상 토지거래허가구역에 관한 설명으로 옳은 것은?

제31회

① 국토교통부장관은 토지의 투기적인 거래가 성행하는 지역에 대해서는 7년의 기간을 정하여 토지거래계약에 관한 허가구역을 지정할 수 있다.

② 시·도지사가 토지거래허가구역을 지정하려면 시·도도시계획위원회의 심의를 거쳐 인접 시·도지사의 의견을 들어야 한다.

③ 시·도지사가 토지거래허가구역을 지정한 때에는 이를 공고하고 그 공고내용을 국토교통부장관, 시장·군수 또는 구청장에게 통지하여야 한다.

④ 허가구역의 지정은 허가구역의 지정을 공고한 날부터 3일 후에 효력이 발생한다.

⑤ 「국토의 계획 및 이용에 관한 법률」에 따른 도시지역 중 주거지역의 경우 600제곱미터 이하의 토지에 대해서는 토지거래계약허가가 면제된다.

정답 ③

해설 ① 국토교통부장관은 토지의 투기적인 거래가 성행하는 지역에 대해서는 **5년 이내 기간**을 정하여 토지거래계약에 관한 허가구역을 지정할 수 있다.

② **재지정 시에만 의견청취절차가 있다**. 재지정시에 시·도지사는 시장·군수 또는 구청장의 의견을 들어야 한다.

④ 허가구역의 지정은 허가구역의 지정을 공고한 날부터 **5일** 후에 효력이 발생한다.

⑤ 도시지역 중 **주거지역의 경우 60제곱미터** 이하의 토지에 대해서는 허가가 면제된다.

02 부동산 거래신고 등에 관한 법령상 토지거래허가에 관한 내용으로 옳은 것은?

제32회

① 토지거래허가구역의 지정은 그 지정을 공고한 날부터 3일 후에 효력이 발생한다.

② 토지거래허가구역의 지정 당시 국토교통부장관 또는 시・도지사가 따로 정하여 공고하지 않은 경우, 「국토의 계획 및 이용에 관한 법률」에 따른 도시지역 중 녹지지역 안의 300제곱미터 면적의 토지거래계약에 관하여는 허가가 필요 없다.

③ 토지거래계약을 허가받은 자는 대통령령으로 정하는 사유가 있는 경우 외에는 토지 취득일부터 10년간 그 토지를 허가받은 목적대로 이용해야 한다.

④ 허가받은 목적대로 토지를 이용하지 않았음을 이유로 이행강제금 부과처분을 받은 자가 시장・군수・구청장에게 이의를 제기하려면 그 처분을 고지받은 날부터 60일 이내에 해야 한다.

⑤ 토지거래허가신청에 대해 불허가처분을 받은 자는 그 통지를 받은 날부터 1개월 이내에 시장・군수・구청장에게 해당 토지에 관한 권리의 매수를 청구할 수 있다.

정답 ⑤

해설 ① 토지거래허가구역의 지정은 그 지정을 **공**고한 날부터 **5일** 후에 효력이 발생한다(**공오**).

② 도시지역 중 **녹지**지역 안의 **200**제곱미터 이하 면적의 토지거래계약에 관하여는 허가가 필요 없다.

③ 이용의무기간은 최장 토지 취득일부터 **5년**간 그 토지를 허가받은 목적대로 이용해야 한다.

④ 허가받은 목적대로 토지를 이용하지 않았음을 이유로 이행강제금 부과처분을 받은 자가 시장・군수・구청장에게 이의를 제기하려면 그 처분을 고지받은 날부터 **30일** 이내에 해야 한다.

03 부동산 거래신고 등에 관한 법령상 토지거래허가구역(이하 '허가구역'이라 함)**에 관한 설명으로 옳은 것은?** 제32회

① 시·도지사는 법령의 개정으로 인해 토지이용에 대한 행위제한이 강화되는 지역을 허가구역으로 지정할 수 있다.

② 토지의 투기적인 거래 성행으로 지가가 급격히 상승하는 등의 특별한 사유가 있으면 5년을 넘는 기간으로 허가구역을 지정할 수 있다.

③ 허가구역 지정의 공고에는 허가구역에 대한 축척 5만분의 1 또는 2만 5천분의 1의 지형도가 포함되어야 한다.

④ 허가구역을 지정한 시·도지사는 지체 없이 허가구역 지정에 관한 공고내용을 관할 등기소의 장에게 통지해야 한다.

⑤ 허가구역 지정에 이의가 있는 자는 그 지정이 공고된 날부터 1개월 내에 시장·군수·구청장에게 이의를 신청할 수 있다.

정답 ③

해설 ① 시·도지사는 법령의 개정으로 인해 토지이용에 대한 행위제한이 **완화**되는 지역을 허가구역으로 지정할 수 있다.

② 토지의 투기적인 거래 성행으로 지가가 급격히 상승하는 등의 특별한 사유가 있으면 **5년 이내 기간**을 정하여 허가구역을 지정할 수 있다.

④ 통지를 받은 시장·군수 또는 구청장이 지체 없이 허가구역 지정에 관한 공고내용을 관할 등기소의 장에게 통지해야 한다.

⑤ 허가구역 지정에 대해서는 이의를 신청할 수 없다(허가 또는 불허가처분에 대해서 이의신청 가능).

04 **부동산 거래신고 등에 관한 법령상 토지거래허가구역**(이하 "허가구역"이라 함)**의 지정에 관한 설명으로 옳은 것은?** 제35회

① 허가구역이 둘 이상의 시 · 도의 관할구역에 걸쳐 있는 경우 해당 시 · 도지사가 공동으로 지정한다.

② 토지의 투기적인 거래 성행으로 지가가 급격히 상승하는 등의 특별한 사유가 있으면 7년 이내의 기간을 정하여 허가구역을 지정할 수 있다.

③ 허가구역의 지정은 시장 · 군수 또는 구청장이 허가구역 지정의 통지를 받은 날부터 5일 후에 그 효력이 발생한다.

④ 허가구역 지정에 관한 공고 내용의 통지를 받은 시장 · 군수 또는 구청장은 지체 없이 그 공고 내용을 관할 등기소의 장에게 통지해야 한다.

⑤ 허가구역 지정에 관한 공고 내용의 통지를 받은 시장 · 군수 또는 구청장은 그 사실을 7일 이상 공고해야 하고, 그 공고 내용을 30일간 일반이 열람할 수 있도록 해야 한다.

정답 ④

해설 ① 허가구역이 둘 이상의 시 · 도의 관할구역에 걸쳐 있는 경우 국토교통부장관이 지정한다.

② 토지의 투기적인 거래 성행으로 지가가 급격히 상승하는 등의 특별한 사유가 있으면 5년 이내의 기간을 정하여 허가구역을 지정할 수 있다.

③ 허가구역의 지정은 시장 · 군수 또는 구청장이 허가구역 지정을 **공**고한 날부터 **5**일 후에 그 효력이 발생한다(**공오**).

⑤ 허가구역 지정에 관한 공고 내용의 통지를 받은 시장 · 군수 또는 구청장은 그 사실을 7일 이상 공고해야 하고, 그 공고 내용을 15일간 일반이 열람할 수 있도록 해야 한다(**7공주 15일간 열받어**).

05 부동산 거래신고 등에 관한 법령상 '허가구역 내 토지거래에 대한 허가'의 규정이 적용되지 않는 경우를 모두 고른 것은? 제35회

㉠ 「부동산 거래신고 등에 관한 법률」에 따라 외국인이 토지취득의 허가를 받은 경우
㉡ 「공익사업을 위한 토지 등의 취득 및 보상에 관한 법률」에 따라 토지를 환매하는 경우
㉢ 「한국농어촌공사 및 농지관리기금법」에 따라 한국농어촌공사가 농지의 매매를 하는 경우

① ㉠ ② ㉡ ③ ㉠, ㉢
④ ㉡, ㉢ ⑤ ㉠, ㉡, ㉢

정답 ⑤

해설 ㉠ 「부동산 거래신고 등에 관한 법률」에 따라 외국인이 토지취득의 허가를 받은 경우에는 토지거래허가를 받지 않아도 된다(**외국인이 허가 두 번×**).
㉡ 「공익사업을 위한 토지 등의 취득 및 보상에 관한 법률」에 따라 토지를 환매하는 경우 토지거래허가를 받지 않아도 된다(**투기와 무관**).
㉢ 「한국농어촌공사 및 농지관리기금법」에 따라 한국농어촌공사가 농지의 매매를 하는 경우 토지거래허가를 받지 않아도 된다(**투기와 무관**).

06 **부동산 거래신고 등에 관한 법령에 대한 설명이다. ( )에 들어갈 숫자는?** (단, 국토교통부장관 또는 시·도지사가 따로 정하여 공고한 경우와 종전 규정에 따라 공고된 면제대상 토지면적 기준은 고려하지 않음) 제33회

경제 및 지가의 동향과 거래단위면적 등을 종합적으로 고려하여 「국토의 계획 및 이용에 관한 법률」에 따른 도시지역 중 아래의 세부 용도지역별 면적 이하의 토지에 대한 토지거래계약허가는 필요하지 아니하다.

- 주거지역: (㉠)제곱미터
- 상업지역: (㉡)제곱미터
- 공업지역: (㉢)제곱미터
- 녹지지역: (㉣)제곱미터

① ㉠: 60, ㉡: 100, ㉢: 100, ㉣: 200
② ㉠: 60, ㉡: 150, ㉢: 150, ㉣: 200
③ ㉠: 180, ㉡: 180, ㉢: 660, ㉣: 500
④ ㉠: 180, ㉡: 200, ㉢: 660, ㉣: 200
⑤ ㉠: 180, ㉡: 250, ㉢: 500, ㉣: 1천

정답 ②

해설
- 주거지역: (60)제곱미터
- 상업지역: (150)제곱미터
- 공업지역: (150)제곱미터
- 녹지지역: (200)제곱미터

07 **부동산 거래신고 등에 관한 법령상 토지거래계약허가를 받아 취득한 토지를 허가 받은 목적대로 이용하고 있지 않은 경우 시장·군수·구청장이 취할 수 있는 조치가 아닌 것은?** 제32회

① 과태료를 부과할 수 있다.
② 토지거래계약허가를 취소할 수 있다.
③ 3개월 이내의 기간을 정하여 토지의 이용 의무를 이행하도록 문서로 명할 수 있다.
④ 해당 토지에 관한 토지거래계약 허가신청이 있을 때 국가, 지방자치단체, 한국토지주택공사가 그 토지의 매수를 원하면 이들 중에서 매수할 자를 지정하여 협의 매수하게 할 수 있다.
⑤ 해당 토지를 직접 이용하지 않고 임대하고 있다는 이유로 이행명령을 했음에도 정해진 기간에 이행되지 않은 경우, 토지 취득가액의 100분의 7에 상당하는 금액의 이행강제금을 부과한다.

정답 ①
해설 이행명령을 하고, 이행명령 불이행시 이행강제금을 부과한다(이행강제금 ≠ 과태료).

08 **부동산 거래신고 등에 관한 법령상 이행강제금에 대하여 개업공인중개사가 중개의뢰인에게 설명한 내용으로 옳은 것은?** 제30회

① 군수는 최초의 의무이행위반이 있었던 날을 기준으로 1년에 한 번씩 그 이행명령이 이행될 때까지 반복하여 이행강제금을 부과·징수할 수 있다.
② 시장은 토지의 이용 의무기간이 지난 후에도 이행명령 위반에 대해서는 이행강제금을 반복하여 부과할 수 있다.
③ 시장·군수 또는 구청장은 이행명령을 받은 자가 그 명령을 이행하는 경우라도 명령을 이행하기 전에 이미 부과된 이행강제금은 징수하여야 한다.
④ 토지거래계약허가를 받아 토지를 취득한 자가 직접 이용하지 아니하고 임대한 경우에는 토지 취득가액의 100분의 20에 상당하는 금액을 이행강제금으로 부과한다.
⑤ 이행강제금 부과처분을 받은 자가 국토교통부장관에게 이의를 제기하려는 경우에는 부과처분을 고지받은 날부터 14일 이내에 하여야 한다.

정답 ③

해설 ① 군수는 **최초의 이행명령이 있었던 날을 기준**으로 1년에 한 번씩 그 이행명령이 이행될 때까지 반복하여 이행강제금을 부과·징수할 수 있다.
② 시장은 토지의 이용 의무기간이 지난 후에는 이행강제금을 부과할 수 없다.
④ 토지거래계약허가를 받아 토지를 취득한 자가 직접 이용하지 아니하고 **임대**한 경우에는 토지 취득가액의 **100분의 7**에 상당하는 금액을 이행강제금으로 부과한다.
⑤ 이행강제금 부과처분을 받은 자가 **시장·군수 또는 구청장**에게 이의를 제기하려는 경우에는 부과처분을 고지받은 날부터 **30일** 이내에 하여야 한다.

09 부동산 거래신고 등에 관한 법령상 이행강제금에 관한 설명으로 옳은 것은?

제31회

① 이행명령은 구두 또는 문서로 하며 이행기간은 3개월 이내로 정하여야 한다.
② 토지거래계약허가를 받아 토지를 취득한 자가 당초의 목적대로 이용하지 아니하고 방치하여 이행명령을 받고도 정하여진 기간에 이를 이행하지 아니한 경우, 시장·군수 또는 구청장은 토지 취득가액의 100분의 10에 상당하는 금액의 이행강제금을 부과한다.
③ 이행강제금 부과처분에 불복하는 경우 이의를 제기할 수 있으나, 그에 관한 명문의 규정을 두고 있지 않다.
④ 이행명령을 받은 자가 그 명령을 이행하는 경우 새로운 이행강제금의 부과를 즉시 중지하며, 명령을 이행하기 전에 부과된 이행강제금도 징수할 수 없다.
⑤ 최초의 이행명령이 있었던 날을 기준으로 1년에 두 번씩 그 이행명령이 이행될 때까지 반복하여 이행강제금을 부과·징수할 수 있다.

정답 ②

해설 ① 이행명령은 **문서로** 하며 이행기간은 3개월 이내로 정하여야 한다.
③ 이행강제금 부과처분에 불복하는 경우 이의를 제기할 수 있고, 그에 관한 명문의 규정이 있다.
④ 이행명령을 받은 자가 그 명령을 이행하는 경우 새로운 이행강제금의 부과를 즉시 중지하며, 명령을 이행하기 전에 부과된 이행강제금은 징수해야 한다.
⑤ 최초의 이행명령이 있었던 날을 기준으로 **1년에 한 번씩** 그 이행명령이 이행될 때까지 반복하여 이행강제금을 부과·징수할 수 있다.

10 **부동산 거래신고 등에 관한 법령상 이행강제금에 관한 설명이다. ( )에 들어갈 숫자로 옳은 것은?** 제33회

> 시장·군수는 토지거래계약허가를 받아 토지를 취득한 자가 당초의 목적대로 이용하지 아니하고 방치한 경우 그에 대하여 상당한 기간을 정하여 토지의 이용 의무를 이행하도록 명할 수 있다. 그 의무의 이행기간은 (㉠)개월 이내로 정하여야 하며, 그 정해진 기간 내에 이행되지 않은 경우, 토지 취득가액의 100분의 (㉡)에 상당하는 금액의 이행강제금을 부과한다.

① ㉠: 3, ㉡: 7
② ㉠: 3, ㉡: 10
③ ㉠: 6, ㉡: 7
④ ㉠: 6, ㉡: 10
⑤ ㉠: 12, ㉡: 15

정답 ②

해설 시장·군수는 토지거래계약허가를 받아 토지를 취득한 자가 당초의 목적대로 이용하지 아니하고 **방치**한 경우 그에 대하여 상당한 기간을 정하여 토지의 이용 의무를 이행하도록 명할 수 있다. 그 의무의 이행기간은 (3)개월 이내로 정하여야 하며, 그 정해진 기간 내에 이행되지 않은 경우, 토지 취득가액의 **100분의 (10)**에 상당하는 금액의 이행강제금을 부과한다.

11 **부동산 거래신고 등에 관한 법령상 벌금 또는 과태료의 부과기준이 '계약 체결 당시의 개별공시지가에 따른 해당 토지가격' 또는 '해당 부동산 등의 취득가액'의 비율 형식으로 규정된 경우가 아닌 것은?** 제32회

① 토지거래허가구역 안에서 허가 없이 토지거래계약을 체결한 경우
② 외국인이 부정한 방법으로 허가를 받아 토지취득계약을 체결한 경우
③ 토지거래허가구역 안에서 속임수나 그 밖의 부정한 방법으로 토지거래계약 허가를 받은 경우
④ 부동산매매계약을 체결한 거래당사자가 그 실제 거래가격을 거짓으로 신고한 경우
⑤ 부동산매매계약을 체결한 후 신고 의무자가 아닌 자가 거짓으로 부동산 거래신고를 한 경우

정답 ②

해설 ② 외국인이 부정한 방법으로 허가를 받아 토지취득계약을 체결한 경우(2년 – 2천)
① 토지거래허가구역 안에서 허가 없이 토지거래계약을 체결한 경우(2년 – 토지가격 100분의 30 이하의 벌금)
③ 토지거래허가구역 안에서 속임수나 그 밖의 부정한 방법으로 토지거래계약 허가를 받은 경우(2년 – 토지가격 100분의 30 이하의 벌금)
④ 부동산매매계약을 체결한 거래당사자가 그 실제 거래가격을 거짓으로 신고한 경우(취득가액 100분의 10 이하에 상당하는 금액의 과태료)
⑤ 부동산매매계약을 체결한 후 신고 의무자가 아닌 자가 거짓으로 부동산 거래신고를 한 경우(취득가액 100분의 10 이하에 상당하는 금액의 과태료)

12 부동산 거래신고 등에 관한 법령상 토지거래허가구역 등에 관한 설명으로 틀린 것은? 제33회

① 시장·군수 또는 구청장은 공익사업용 토지에 대해 토지거래계약에 관한 허가신청이 있는 경우, 한국토지주택공사가 그 매수를 원하는 경우에는 한국토지주택공사를 선매자(先買者)로 지정하여 그 토지를 협의 매수하게 할 수 있다.
② 국토교통부장관 또는 시·도지사는 허가구역의 지정 사유가 없어졌다고 인정되면 지체 없이 허가구역의 지정을 해제해야 한다.
③ 토지거래허가신청에 대해 불허가처분을 받은 자는 그 통지를 받은 날부터 1개월 이내에 시장·군수 또는 구청장에게 해당 토지에 관한 권리의 매수를 청구할 수 있다.
④ 허가구역의 지정은 허가구역의 지정을 공고한 날의 다음 날부터 그 효력이 발생한다.
⑤ 토지거래허가를 받으려는 자는 그 허가신청서에 계약내용과 그 토지의 이용계획, 취득자금 조달계획 등을 적어 시장·군수 또는 구청장에게 제출해야 한다.

정답 ④

해설 허가구역의 지정은 허가구역의 지정을 **공**고한 날부터 **5**일 후에 발생한다(**공오**).

13 **부동산 거래신고 등에 관한 법령상 토지거래허가 등에 관한 설명으로 옳은 것은 모두 몇 개인가?** 제33회

- 농지에 대하여 토지거래계약 허가를 받은 경우에는 「농지법」에 따른 농지전용허가를 받은 것으로 본다.
- 국세의 체납처분을 하는 경우에는 '허가구역 내 토지거래에 대한 허가'의 규정을 적용한다.
- 시장 · 군수는 토지 이용의무기간이 지난 후에도 이행강제금을 부과할 수 있다.
- 토지의 소유권자에게 부과된 토지 이용에 관한 의무는 그 토지에 관한 소유권의 변동과 동시에 그 승계인에게 이전한다.

① 0개 ② 1개 ③ 2개
④ 3개 ⑤ 4개

정답 ②

해설
- (×) 농지에 대하여 토지거래계약 허가를 받은 경우에는 「농지법」에 따른 **농지취득자격증명을 발급받은 것으로 본다.**
- (×) 국세의 체납처분(경매)을 하는 경우에는 '허가구역 내 토지거래에 대한 허가'의 규정을 적용하지 아니한다(= 허가가 면제된다).
- (×) 시장 · 군수는 토지 이용의무기간이 지난 후에는 이행강제금을 부과할 수 없다.

14 **부동산 거래신고 등에 관한 법령상 토지거래허가구역 등에 관한 설명으로 <u>틀린</u> 것은?** (단, 거래당사자는 모두 대한민국 국적의 자연인임) 제34회

① 허가구역의 지정은 그 지정을 공고한 날부터 7일 후에 그 효력이 발생한다.
② 허가구역에 있는 토지거래에 대한 처분에 이의가 있는 자는 그 처분을 받은 날부터 1개월 이내에 시장·군수 또는 구청장에게 이의를 신청할 수 있다.
③ 허가구역에 있는 토지에 관하여 사용대차계약을 체결하는 경우에는 토지거래허가를 받을 필요가 없다.
④ 허가관청은 허가신청서를 받은 날부터 15일 이내에 허가 또는 불허가처분을 하여야 한다.
⑤ 허가신청에 대하여 불허가처분을 받은 자는 그 통지를 받은 날부터 1개월 이내에 시장·군수 또는 구청장에게 해당 토지에 관한 권리의 매수를 청구할 수 있다.

정답 ①

해설 허가구역의 지정은 그 지정을 **<u>공</u>**고한 날부터 **<u>5</u>**일 후에 그 효력이 발생한다(**<u>공오</u>**).

15 **부동산 거래신고 등에 관한 법령상 토지거래계약 불허가처분 토지에 대하여 매수청구를 받은 경우, 매수할 자로 지정될 수 있는 자를 모두 고른 것은?** 제30회

㉠ 지방자치단체
㉡ 「한국은행법」에 따른 한국은행
㉢ 「지방공기업법」에 따른 지방공사
㉣ 「한국석유공사법」에 따른 한국석유공사
㉤ 「항만공사법」에 따른 항만공사
㉥ 「한국관광공사법」에 따른 한국관광공사

① ㉡, ㉤ ② ㉠, ㉣, ㉥ ③ ㉡, ㉢, ㉤
④ ㉠, ㉣, ㉤, ㉥ ⑤ ㉠, ㉡, ㉢, ㉣, ㉤, ㉥

정답 ②

해설 ㉡ (×) 「한국은행법」에 따른 한국은행(**<u>4글자 死</u>**)
㉢ (×) 「지방공기업법」에 따른 지방공사(**<u>4글자 死</u>**)
㉤ (×) 「항만공사법」에 따른 항만공사(**<u>4글자 死</u>**)

16 **부동산 거래신고 등에 관한 법령상 토지거래계약 허가신청서에 기재하거나 별지로 제출해야 할 것이 아닌 것은?** (단, 농지의 경우는 고려하지 않음) 제29회

① 매매의 경우 매도인과 매수인의 성명 및 주소
② 거래를 중개한 개업공인중개사의 성명 및 주소
③ 이전 또는 설정하려는 권리의 종류
④ 토지이용계획서
⑤ 토지취득자금조달계획서

정답 ②
해설 개업공인중개사는 허가신청의무가 없으므로 개업공인중개사와 관련 사항을 허가신청서에 기재하지 않는다.

17 **부동산 거래신고 등에 관한 법령상 토지거래허가구역 내의 토지매매에 관한 설명으로 옳은 것을 모두 고른 것은?** (단, 법령상 특례는 고려하지 않으며, 다툼이 있으면 판례에 따름) 제34회

ㄱ 허가를 받지 아니하고 체결한 매매계약은 그 효력이 발생하지 않는다.
ㄴ 허가를 받기 전에 당사자는 매매계약상 채무불이행을 이유로 계약을 해제할 수 있다.
ㄷ 매매계약의 확정적 무효에 일부 귀책사유가 있는 당사자도 그 계약의 무효를 주장할 수 있다.

① ㄱ ② ㄴ ③ ㄱ, ㄷ
④ ㄴ, ㄷ ⑤ ㄱ, ㄴ, ㄷ

정답 ③
해설 ㄴ (×) 유동적 무효인 상태에서는 채무불이행이 성립하지 않는다.

PART

03

중개실무

Part

03 중개실무

01 분묘기지권·장사 등에 관한 법률

01 개업공인중개사가 분묘가 있는 토지에 관하여 중개의뢰인에게 설명한 내용으로 틀린 것은? (다툼이 있으면 판례에 따름) 제29회

① 분묘기지권이 성립하기 위해서는 그 내부에 시신이 안장되어 있고, 봉분 등 외부에서 분묘의 존재를 인식할 수 있는 형태를 갖추고 있어야 한다.

② 분묘기지권이 인정되는 분묘가 멸실되었더라도 유골이 존재하여 분묘의 원상회복이 가능하고 일시적인 멸실에 불과하다면 분묘기지권은 소멸하지 않는다.

③ 「장사 등에 관한 법률」의 시행에 따라 그 시행일 이전의 분묘기지권은 존립 근거를 상실하고, 그 이후에 설치된 분묘에는 분묘기지권이 인정되지 않는다.

④ 분묘기지권은 분묘의 기지 자체뿐만 아니라 분묘의 설치 목적인 분묘의 수호와 제사에 필요한 범위 내에서 분묘 기지 주위의 공지를 포함한 지역까지 미친다.

⑤ 분묘기지권은 권리자가 의무자에 대하여 그 권리를 포기하는 의사표시를 하는 외에 점유까지도 포기해야만 그 권리가 소멸하는 것은 아니다.

정답 ③

해설 「장사 등에 관한 법률」의 시행에 따라 그 시행일 이전의 분묘기지권은 유지되고, 시행일 이후에 토지소유자의 승낙없이 설치된 분묘에 대해서는 분묘기지권의 시효취득이 인정되지 않는다.

02 **개업공인중개사가 묘소가 설치되어 있는 임야를 중개하면서 중개의뢰인에게 설명한 내용으로 틀린 것은?** (다툼이 있으면 판례에 따름) 제30회

① 분묘가 1995년에 설치되었다 하더라도 「장사 등에 관한 법률」이 2001년에 시행되었기 때문에 분묘기지권을 시효 취득할 수 없다.
② 암장되어 있어 객관적으로 인식할 수 있는 외형을 갖추고 있지 않은 묘소에는 분묘기지권이 인정되지 않는다.
③ 아직 사망하지 않은 사람을 위한 장래의 묘소인 경우 분묘기지권이 인정되지 않는다.
④ 분묘기지권을 시효로 취득한 사람은 토지소유자의 지료지급청구가 있은 날부터 지료지급의무가 있다.
⑤ 분묘기지권의 효력이 미치는 지역의 범위 내라고 할지라도 기존의 분묘 외에 새로운 분묘를 신설할 권능은 포함되지 않는다.

정답 ①
해설 「장사 등에 관한 법률」 **시행 전에 설치된 분묘**에 대해서는 분묘기지권을 시효 취득할 수 있다.

03 **분묘가 있는 토지에 관하여 개업공인중개사가 중개의뢰인에게 설명한 내용으로 틀린 것은?** (다툼이 있으면 판례에 따름) 제32회

① 분묘기지권은 등기사항증명서를 통해 확인할 수 없다.
② 분묘기지권은 분묘의 설치 목적인 분묘의 수호와 제사에 필요한 범위 내에서 분묘 기지 주위의 공지를 포함한 지역에까지 미친다.
③ 분묘기지권이 인정되는 경우 분묘가 멸실되었더라도 유골이 존재하여 분묘의 원상회복이 가능하고 일시적인 멸실에 불과하다면 분묘기지권은 소멸하지 않는다.
④ 분묘기지권에는 그 효력이 미치는 범위 안에서 새로운 분묘를 설치할 권능은 포함되지 않는다.
⑤ 甲이 자기 소유 토지에 분묘를 설치한 후 그 토지를 乙에게 양도하면서 분묘를 이장하겠다는 특약을 하지 않음으로써 甲이 분묘기지권을 취득한 경우, 특별한 사정이 없는 한 甲은 분묘의 기지에 대한 토지사용의 대가로서 지료를 지급할 의무가 없다.

정답 ⑤

해설 분묘를 이장하겠다는 특약을 하지 않고 토지를 양도함으로써 분묘기지권을 취득한 경우, 특별한 사정이 없는 한 **분묘기지권이 성립한 때부터 지료지급의무가 있다.**

04 **개업공인중개사가 분묘가 있는 토지를 매수하려는 의뢰인에게 분묘기지권에 관해 설명한 것으로 옳은 것은?** (다툼이 있으면 판례에 따름) 제33회

① 분묘기지권의 존속기간은 지상권의 존속기간에 대한 규정이 유추적용되어 30년으로 인정된다.

② 「장사 등에 관한 법률」이 시행되기 전에 설치된 분묘의 경우 그 법의 시행 후에는 분묘기지권의 시효취득이 인정되지 않는다.

③ 자기 소유 토지에 분묘를 설치한 사람이 분묘이장의 특약 없이 토지를 양도함으로써 분묘기지권을 취득한 경우, 특별한 사정이 없는 한 분묘기지권이 성립한 때부터 지료지급의무가 있다.

④ 분묘기지권을 시효로 취득한 사람은 토지소유자의 지료지급청구가 있어도 지료지급의무가 없다.

⑤ 분묘가 멸실된 경우 유골이 존재하여 분묘의 원상회복이 가능한 일시적인 멸실에 불과하여도 분묘기지권은 소멸한다.

정답 ③

해설 ① 분묘기지권의 존속기간은 30년이 아니라 분묘가 존속하면 존속한다.
② 「장사 등에 관한 법률」이 시행되기 전에 설치된 분묘의 경우 분묘기지권의 시효취득이 인정된다.
④ 분묘기지권을 시효로 취득한 사람은 **토지소유자의 지료지급청구가 있은 날부터** 지료지급의무가 있다.
⑤ 분묘가 멸실된 경우 유골이 존재하여 분묘의 원상회복이 가능한 일시적인 멸실에 불과하면 분묘기지권은 소멸하지 않는다.

05 **개업공인중개사가 중개의뢰인에게 분묘가 있는 토지에 관하여 설명한 내용으로 틀린 것을 모두 고른 것은?** (다툼이 있으면 판례에 따름) 제34회

㉠ 토지소유자의 승낙에 의하여 성립하는 분묘기지권의 경우 성립 당시 토지소유자와 분묘의 수호·관리자가 지료지급의무의 존부에 관하여 약정을 하였다면 그 약정의 효력은 분묘기지의 승계인에게 미치지 않는다.
㉡ 분묘기지권은 지상권 유사의 관습상 물권이다.
㉢ 「장사 등에 관한 법률」 시행일(2001. 1. 13.) 이후 토지소유자의 승낙 없이 설치한 분묘에 대해서 분묘기지권의 시효취득을 주장할 수 있다.

① ㉠ ② ㉢ ③ ㉠, ㉢
④ ㉡, ㉢ ⑤ ㉠, ㉡, ㉢

정답 ③

해설 ㉠ (×) 토지소유자의 승낙에 의하여 성립하는 분묘기지권의 경우 성립 당시 토지소유자와 분묘의 수호·관리자가 지료지급의무의 존부에 관하여 약정을 하였다면 그 약정의 효력은 분묘기지의 승계인에게 미친다.
㉢ (×) 「장사 등에 관한 법률」 시행일(2001. 1. 13.) 이후 토지소유자의 승낙 없이 설치한 분묘에 대해서 분묘기지권의 시효취득을 주장할 수 없다.

06 **개업공인중개사가 토지를 매수하려는 중개의뢰인에게 분묘기지권에 관하여 설명한 내용으로 옳은 것을 모두 고른 것은?** (다툼이 있으면 판례에 따름) 제35회

㉠ 분묘기지권을 시효취득한 사람은 시효취득한 때부터 지료를 지급할 의무가 발생한다.
㉡ 특별한 사정이 없는 한 분묘기지권자가 분묘의 수호와 봉사를 계속하는 한 그 분묘가 존속하는 동안은 분묘기지권이 존속한다.
㉢ 분묘기지권을 취득한 자는 그 분묘기지권의 등기 없이도 그 분묘가 설치된 토지의 매수인에게 대항할 수 있다.

① ㉡ ② ㉠, ㉡ ③ ㉠, ㉢
④ ㉡, ㉢ ⑤ ㉠, ㉡, ㉢

정답 ④

해설 ㉠ (×) 분묘기지권을 시효취득한 사람은 **토지소유자가 지료를 청구한 날**부터 지료를 지급할 의무가 발생한다.

㉡ (○) 분묘가 존속하는 동안은 분묘기지권이 존속한다. 따라서 분묘가 멸실하면 소멸하고, 일시적인 멸실이라면 소멸하지 않는다.

㉢ (○) 토지의 매수인이 분묘기지권을 떠안게 된다. 따라서 분묘기지권을 취득한 자는 토지의 매수인에게 대항할 수 있다.

07 **개업공인중개사가 묘지를 설치하고자 토지를 매수하려는 중개의뢰인에게 장사 등에 관한 법령에 관하여 설명한 내용으로 틀린 것은?** 제34회

① 가족묘지는 가족당 1개소로 제한하되, 그 면적은 100m² 이하여야 한다.

② 개인묘지란 1기의 분묘 또는 해당 분묘에 매장된 자와 배우자 관계였던 자의 분묘를 같은 구역 안에 설치하는 묘지를 말한다.

③ 법인묘지에는 폭 4m 이상의 도로와 그 도로로부터 각 분묘로 통하는 충분한 진출입로를 설치하여야 한다.

④ 화장한 유골을 매장하는 경우 매장 깊이는 지면으로부터 30cm 이상이어야 한다.

⑤ 「민법」에 따라 설립된 사단법인은 법인묘지의 설치허가를 받을 수 없다.

정답 ③

해설 법인묘지에는 폭 5m 이상의 도로와 그 도로로부터 각 분묘로 통하는 충분한 진출입로를 설치하여야 한다(도로요건은 법인묘지에만 있다).

08 **토지를 매수하여 사설묘지를 설치하려는 중개의뢰인에게 개업공인중개사가 「장사 등에 관한 법령」에 관하여 설명한 내용으로 옳은 것은?** 제35회

① 개인묘지를 설치하려면 그 묘지를 설치하기 전에 해당 묘지를 관할하는 시장 등에게 신고해야 한다.

② 가족묘지를 설치하려면 해당 묘지를 관할하는 시장 등의 허가를 받아야 한다.

③ 개인묘지나 가족묘지의 면적은 제한을 받지만, 분묘의 형태나 봉분의 높이는 제한을 받지 않는다.

④ 분묘의 설치기간은 원칙적으로 30년이지만, 개인묘지의 경우에는 3회에 한하여 그 기간을 연장할 수 있다.

⑤ 설치기간이 끝난 분묘의 연고자는 그 끝난 날부터 1개월 이내에 해당 분묘에 설치된 시설물을 철거하고 매장된 유골을 화장하거나 봉안해야 한다.

정답 ②

해설 ① 개인묘지를 설치하려면 그 묘지를 설치 후 30일 이내에 해당 묘지를 관할하는 시장 등에게 신고해야 한다(사후 신고).

③ 분묘의 형태는 봉분, 평분 또는 평장으로 하되, 분묘의 높이는 봉분은 1m 이하, 평분은 50cm 이하로 한다.

④ 분묘의 설치기간은 원칙적으로 30년이지만, 1회 30년에 한하여 그 기간을 연장할 수 있다(total 60년).

⑤ 설치기간이 끝난 분묘의 연고자는 그 끝난 날부터 1년 이내에 해당 분묘에 설치된 시설물을 철거하고 매장된 유골을 화장하거나 봉안해야 한다.

02 법정지상권·농지법

01 공인중개사법령상 개업공인중개사의 중개대상물 확인·설명으로 틀린 것은? (다툼이 있으면 판례에 의함) 제22회

① 지적공부와 등기부상 토지의 지목이 다른 경우 지적공부를 기준으로 확인·설명해야 한다.
② 건물의 소유자는 건물과 법정지상권 중 건물만을 처분하는 것은 가능하다.
③ 건물소유를 목적으로 한 토지임차인이 그 지상건물에 대해 소유권보존등기를 하면 제3자에 대하여 임대차의 효력이 생긴다.
④ 법정지상권의 경우 지료(地料)는 당사자의 청구에 의하여 법원이 이를 정한다.
⑤ 토지에 저당권이 설정된 후 토지소유자가 그 위에 건물을 건축하였다가 경매로 인하여 그 토지와 지상 건물의 소유가 달라진 경우 토지소유자는 법정지상권을 취득한다.

정답 ⑤

해설 토지에 저당권이 설정된 후(= 나대지에 저당권 설정 후) 토지소유자가 그 위에 건물을 건축하였다가 경매로 인하여 그 토지와 지상 건물의 소유가 달라진 경우 법정지상권이 성립하지 않는다.

02 개업공인중개사가 중개의뢰인에게 「농지법」상 농지의 임대차에 대해 설명한 내용으로 틀린 것은? 제26회

① 선거에 따른 공직취임으로 인하여 일시적으로 농업경영에 종사하지 아니하게 된 자가 소유하고 있는 농지는 임대할 수 있다.
② 농업경영을 하려는 자에게 농지를 임대하는 임대차계약은 서면계약을 원칙으로 한다.
③ 농지이용증진사업 시행계획에 따라 농지를 임대하는 경우 임대차기간은 5년 이상으로 해야 한다.
④ 농지 임대차계약의 당사자는 임차료에 관하여 협의가 이루어지지 아니한 경우 농지소재지를 관할하는 시장·군수 또는 자치구구청장에게 조정을 신청할 수 있다.
⑤ 임대 농지의 양수인은 「농지법」에 따른 임대인의 지위를 승계한 것으로 본다.

정답 ③

해설 농지이용증진사업 시행계획에 따라 농지를 임대하는 경우 **임대차기간은 3년 이상**으로 해야 한다. 그러나 **다년생 식물(5글자) 재배지의 경우 5년 이상**으로 해야 한다.

03 개업공인중개사가 농지를 취득하려는 중개의뢰인에게 설명한 내용으로 틀린 것은?

제27회

① 주말·체험영농을 위해 농지를 소유하는 경우 한 세대의 부부가 각각 1천m² 미만으로 소유할 수 있다.

② 농업경영을 하려는 자에게 농지를 임대하는 임대차계약은 서면계약을 원칙으로 한다.

③ 농업법인의 합병으로 농지를 취득하는 경우 농지취득자격증명을 발급받지 않고 농지를 취득할 수 있다.

④ 징집으로 인하여 농지를 임대하면서 임대차기간을 정하지 않은 경우 3년으로 약정된 것으로 본다.

⑤ 농지전용허가를 받아 농지를 소유하는 자가 취득한 날부터 2년 이내에 그 목적사업에 착수하지 않으면 해당 농지를 처분할 의무가 있다.

정답 ①

해설 주말 체험·영농시 **세대원 전부**가 소유하는 면적이 1천m² 미만이어야 한다.

04 **개업공인중개사가 「농지법」에 대하여 중개의뢰인에게 설명한 내용으로 틀린 것은? (다툼이 있으면 판례에 따름)** 제29회

① 경매로 농지를 매수하려면 매수신청 시에 농지자격취득증명서를 제출해야 한다.
② 개인이 소유하는 임대 농지의 양수인은 「농지법」에 따른 임대인의 지위를 승계한 것으로 본다.
③ 농지전용협의를 마친 농지를 취득하려는 자는 농지취득자격증명을 발급받을 필요가 없다.
④ 농지를 취득하려는 자가 농지에 대한 매매계약을 체결하는 등으로 농지에 관한 소유권이전등기청구권을 취득하였다면, 농지취득자격증명 발급신청권을 보유하게 된다.
⑤ 주말・체험영농을 목적으로 농지를 소유하려면 세대원 전부가 소유하는 총 면적이 1천m^2 미만이어야 한다.

정답 ①

해설 경매로 농지를 매수하려면 **매각결정기일까지** 농지자격취득증명서를 제출해야 한다.

03 확인·설명서 작성방법

01 **공인중개사법령상 개업공인중개사가 주거용 건축물의 중개대상물확인・설명서[I]를 작성하는 방법에 관한 설명으로 틀린 것은?** 제28회

① 개업공인중개사 기본 확인사항은 개업공인중개사가 확인한 사항을 적어야 한다.
② 건축물의 내진설계 적용여부와 내진능력은 개업공인중개사 기본 확인사항이다.
③ 거래예정금액은 중개가 완성되기 전 거래예정금액을 적는다.
④ 벽면・바닥면 및 도배상태는 매도(임대)의뢰인에게 자료를 요구하여 확인한 사항을 적는다.
⑤ 아파트를 제외한 주택의 경우, 단독경보형감지기설치 여부는 개업공인중개사 세부 확인사항이 아니다.

정답 ⑤

해설 아파트를 제외한 주택의 경우, 단독경보형감지기설치 여부는 개업공인중개사 세부 확인사항에 해당한다.

02 **개업공인중개사가 주택의 임대차를 중개하면서 중개대상물확인 · 설명서[Ⅰ](주거용 건축물)를 작성하는 경우 제외하거나 생략할 수 있는 것을 모두 고른 것은?**

제33회 수정

㉠ 취득 시 부담할 조세의 종류 및 세율
㉡ 개별공시지가(m^2당) 및 건물(주택)공시가격
㉢ 확정일자 부여현황 정보
㉣ 건축물의 방향

① ㉠, ㉡　② ㉠, ㉢　③ ㉢, ㉣
④ ㉠, ㉡, ㉣　⑤ ㉡, ㉢, ㉣

정답 ①

해설 ㉠ (○) 임대차에서 취득 시 부담할 조세의 종류 및 세율은 기재를 제외한다.
㉡ (○) 임대차에서 개별공시지가(m^2당) 및 건물(주택)공시가격은 기재를 생략할 수 있다.

03 **공인중개사법령상 중개대상물확인 · 설명서[Ⅰ](주거용 건축물)의 작성방법으로 옳은 것을 모두 고른 것은?**

제34회 수정

㉠ 임대차의 경우 '취득 시 부담할 조세의 종류 및 세율'은 기재를 제외한다.
㉡ '환경조건'은 중개대상물에 대해 개업공인중개사가 매도(임대)의뢰인에게 자료를 요구하여 확인한 사항을 적는다.
㉢ 중개대상물에 법정지상권이 있는지 여부는 '실제 권리관계 또는 공시되지 않은 물건의 권리사항'란에 개업공인중개사가 직접 확인한 사항을 적는다.

① ㉠　② ㉠, ㉡　③ ㉠, ㉢
④ ㉡, ㉢　⑤ ㉠, ㉡, ㉢

정답 ②

해설 ㉢ (×) 중개대상물에 법정지상권이 있는지 여부는 '실제 권리관계 또는 공시되지 않은 물건의 권리사항'란에 매도(임대)의뢰인에게 자료를 요구하여 확인한 사항을 적는다. 또는 매도(임대)의뢰인이 고지한 사항을 적는다. 개업공인중개사가 직접 확인한 사항을 적는 것은 기본 확인사항의 경우이다. '실제 권리관계 또는 공시되지 않은 물건의 권리사항'은 세부 확인사항이므로 개업공인중개사가 직접 확인한 사항을 적는 것이 아니다.

04 **공인중개사법령상 중개대상물확인 · 설명서[Ⅱ](비주거용 건축물)에서 개업공인중개사의 확인사항으로 옳은 것을 모두 고른 것은?** 제29회

㉠ "단독경보형감지기" 설치 여부는 세부 확인사항이다.
㉡ "내진설계 적용여부"는 기본 확인사항이다.
㉢ "실제권리관계 또는 공시되지 않은 물건의 권리사항"은 세부 확인사항이다.
㉣ "환경조건(일조량 · 소음 · 진동)"은 세부 확인사항이다.

① ㉠, ㉡ ② ㉠, ㉣ ③ ㉡, ㉢
④ ㉠, ㉡, ㉢ ⑤ ㉡, ㉢, ㉣

정답 ③

해설 ㉠ (×) "단독경보형감지기" 설치 여부는 주거용 건축물에만 있다.
㉣ (×) "환경조건(일조량 · 소음 · 진동)"은 주거용 건축물에만 있다.

05 **공인중개사법령상 중개대상물확인 · 설명서[Ⅱ](비주거용 건축물)에서 개업공인중개사의 기본 확인사항이 <u>아닌</u> 것은?** 제33회

① 소재지, 면적 등 대상물건의 표시에 관한 사항
② 소유권 외의 권리사항
③ 비선호시설(1km 이내)의 有無에 관한 사항
④ 관리주체 등 관리에 관한 사항
⑤ 소유권에 관한 사항

정답 ③

해설 비선호시설은 주거용 건축물과 토지에만 있다(<u>비</u>주거용 − <u>비</u>선호시설×).

06 **공인중개사법령상 개업공인중개사가 확인·설명하여야 할 사항 중 중개대상물확인·설명서[I]**(주거용 건축물), **[II]**(비주거용 건축물), **[III]**(토지), **[IV]**(입목·광업재단·공장재단) **서식에 공통적으로 기재되어 있는 것을 모두 고른 것은?**

제31회

㉠ 권리관계(등기부 기재사항)
㉡ 비선호시설
㉢ 거래예정금액
㉣ 환경조건(일조량·소음)
㉤ 실제 권리관계 또는 공시되지 않은 물건의 권리사항

① ㉠, ㉡ ② ㉡, ㉣ ③ ㉠, ㉢, ㉤
④ ㉠, ㉢, ㉣, ㉤ ⑤ ㉠, ㉡, ㉢, ㉣, ㉤

정답 ③

해설 ㉡ (×) 비선호시설은 주거용 건축물과 토지에만 있다.
㉣ (×) 환경조건(일조량·소음)은 주거용 건축물에만 있다.

07 **공인중개사법령상 중개대상물확인·설명서[II]**(비주거용 건축물)**에서 개업공인중개사 기본 확인사항이 아닌 것은?**

제35회

① 토지의 소재지, 면적 등 대상물건의 표시
② 소유권 외의 권리사항 등 등기부 기재사항
③ 관리비
④ 입지조건
⑤ 거래예정금액

정답 ③

해설 관리비는 중개대상물확인·설명서[I](주거용 건축물)에만 적는다.

04 전자계약

01 부동산 전자계약에 관한 설명으로 옳은 것은? 제30회

① 시·도지사는 부동산거래의 계약·신고·허가·관리 등의 업무와 관련된 정보체계를 구축·운영하여야 한다.

② 부동산 거래계약의 신고를 하는 경우 전자인증의 방법으로 신분을 증명할 수 없다.

③ 부동산거래계약시스템을 이용하여 주택임대차계약을 체결하였더라도 해당 주택의 임차인은 부동산거래계약시스템을 통하여 전자계약증서에 확정일자 부여를 신청할 수 없다.

④ 개업공인중개사가 부동산거래계약시스템을 통하여 부동산 거래계약을 체결한 경우 부동산 거래계약이 체결된 때에 부동산거래계약신고서를 제출한 것으로 본다.

⑤ 거래계약서 작성 시 확인·설명사항이 「전자문서 및 전자거래 기본법」에 따른 공인전자문서센터에 보관된 경우라도 개업공인중개사는 확인·설명사항을 서면으로 작성하여 보존하여야 한다.

정답 ④

해설 ① 국토교통부장관은 부동산거래의 계약·신고·허가·관리 등의 업무와 관련된 정보체계를 구축·운영하여야 한다.

② 부동산 거래계약의 신고를 하는 경우 전자인증의 방법으로 신분을 증명할 수 있다.

③ 부동산거래계약시스템을 이용하여 주택임대차계약을 체결한 경우 해당 주택의 임차인은 부동산거래계약시스템을 통하여 전자계약증서에 확정일자 부여를 신청할 수 있다.

⑤ 거래계약서 작성 시 확인·설명사항이 공인전자문서센터에 보관된 경우에는 확인·설명서를 사무소에 별도로 보존하지 않아도 된다.

02 「전자문서 및 전자거래 기본법」에 따른 공인전자문서센터에 보관된 경우, 공인중개사법령상 개업공인중개사가 원본, 사본 또는 전자문서를 보존기간 동안 보존해야 할 의무가 면제된다고 명시적으로 규정된 것을 모두 고른 것은? 제32회

> ㉠ 중개대상물확인·설명서
> ㉡ 손해배상책임보장에 관한 증서
> ㉢ 소속공인중개사고용신고서
> ㉣ 거래계약서

① ㉠　② ㉠, ㉣　③ ㉡, ㉢
④ ㉡, ㉢, ㉣　⑤ ㉠, ㉡, ㉢, ㉣

정답 ②

해설 중개대상물확인·설명서와 거래계약서는 보존방식이 동일하다. ⇨ 공인전자문서센터에 보관된 경우 사무소에 별도로 보존하지 않아도 된다.

05 검인·부동산실명법

01 개업공인중개사 甲이 乙 소유의 X토지를 매수하려는 丙의 의뢰를 받아 매매를 중개하는 경우에 관한 설명으로 옳은 것은? 제24회

① 계약서를 작성한 甲이 자신의 이름으로는 그 계약서의 검인을 신청할 수 없다.
② X토지의 소유권을 이전받은 丙이 매수대금의 지급을 위하여 X토지에 저당권을 설정하는 경우, 저당권설정계약서도 검인의 대상이 된다.
③ 丙이 X토지에 대하여 매매를 원인으로 소유권이전청구권 보전을 위한 가등기에 기하여 본등기를 하는 경우, 매매계약서는 검인의 대상이 된다.
④ 甲이 부동산거래신고필증을 발급받아도 계약서에 검인을 받지 않는 한 소유권이전등기를 신청할 수 없다.
⑤ 丙으로부터 검인신청을 받은 X토지 소재지 관할청이 검인할 때에는 계약서 내용의 진정성을 확인해야 한다.

정답 ③

해설 ③ (○) 소유권이전청구권 보전을 위한 가등기에 기하여 본등기를 하는 경우는 검인의 대상이 된다.
① (×) 계약서를 작성한 개업공인중개사는 자신의 이름으로는 그 계약서의 검인을 신청할 수 있다.
② (×) 저당권설정계약서도 검인의 대상이 되지 않는다.
④ (×) 부동산거래신고필증을 발급받으면 검인이 의제가 된다.
⑤ (×) 검인은 형식적 심사를 한다.

02 **A주식회사는 공장부지를 확보하기 위하여 그 직원 甲과 명의신탁약정을 맺고, 甲은 2020. 6. 19. 개업공인중개사 乙의 중개로 丙 소유 X토지를 매수하여 2020. 8. 20. 甲명의로 등기하였다. 이에 관한 설명으로 <u>틀린</u> 것은?** (다툼이 있으면 판례에 따름) 제31회

① A와 甲 사이의 명의신탁약정은 丙의 선의, 악의를 묻지 아니하고 무효이다.
② 丙이 甲에게 소유권이전등기를 할 때 비로소 A와 甲 사이의 명의신탁약정 사실을 알게 된 경우 X토지의 소유자는 丙이다.
③ A는 甲에게 X토지의 소유권이전등기를 청구할 수 없다.
④ 甲이 X토지를 丁에게 처분하고 소유권이전등기를 한 경우 丁은 유효하게 소유권을 취득한다.
⑤ A와 甲의 명의신탁약정을 丙이 알지 못한 경우, 甲은 X토지의 소유권을 취득한다.

정답 ②

해설 丙이 甲에게 소유권이전등기를 할 때 비로소 A와 甲 사이의 명의신탁약정 사실을 알게 된 경우 <u>丙은 선의이다</u>. 따라서 X토지의 소유자는 甲이다.

03 **2020. 10. 1. 甲과 乙은 甲 소유의 X토지에 관해 매매계약을 체결하였다. 乙과 丙은 「농지법」상 농지소유제한을 회피할 목적으로 명의신탁약정을 하였다. 그 후 甲은 乙의 요구에 따라 丙명의로 소유권이전등기를 마쳐주었다. 그 사정을 아는 개업공인중개사가 X토지의 매수의뢰인에게 설명한 내용으로 옳은 것을 모두 고른 것은?** (다툼이 있으면 판례에 따름) 제32회

> ㉠ 甲이 丙명의로 마쳐준 소유권이전등기는 유효하다.
> ㉡ 乙은 丙을 상대로 매매대금 상당의 부당이득반환청구권을 행사할 수 있다.
> ㉢ 乙은 甲을 대위하여 丙명의의 소유권이전등기의 말소를 청구할 수 있다.

① ㉠
② ㉡
③ ㉢
④ ㉠, ㉡
⑤ ㉡, ㉢

정답 ③

해설 ㉠ (×) 매도인이 100% 악의이므로 등기는 무효이다.
㉡ (×) 丙이 제3자에게 처분하지 않았으므로 처분대금에 대한 부당이득반환청구는 인정되지 않는다.

04 **개업공인중개사가 중개의뢰인에게 「부동산 실권리자 명의 등기에 관한 법률」의 내용에 관하여 설명한 것으로 옳은 것을 모두 고른 것은?** (다툼이 있으면 판례에 따름)

제33회

㉠ 부동산의 위치와 면적을 특정하여 2인 이상이 구분소유하기로 하는 약정을 하고 그 구분소유자의 공유로 등기한 경우, 그 등기는 「부동산 실권리자명의 등기에 관한 법률」 위반으로 무효이다.
㉡ 배우자 명의로 부동산에 관한 물권을 등기한 경우 조세 포탈, 강제집행의 면탈 또는 법령상 제한의 회피를 목적으로 하지 아니하는 경우 그 등기는 유효하다.
㉢ 명의신탁자가 계약의 당사자가 되는 3자간 등기명의신탁이 무효인 경우 명의신탁자는 매도인을 대위하여 명의수탁자 명의의 등기의 말소를 청구할 수 있다.

① ㉠ ② ㉡ ③ ㉠, ㉢
④ ㉡, ㉢ ⑤ ㉠, ㉡, ㉢

정답 ④

해설 ㉠ (×) 구분소유적 공유(상호명의신탁)는 「민법」이 적용되므로 유효이다(**적용 제외**).

05 **2023. 10. 7. 甲은 친구 乙과 X부동산에 대하여 乙을 명의수탁자로 하는 명의신탁약정을 체결하였다. 개업공인중개사가 이에 관하여 설명한 내용으로 옳은 것을 모두 고른 것은?** (다툼이 있으면 판례에 따름) 제34회

㉠ 甲과 乙 사이의 명의신탁약정은 무효이다.
㉡ X부동산의 소유자가 甲이라면, 명의신탁약정에 기하여 甲에서 乙로 소유권이전등기가 마쳐졌다는 이유만으로 당연히 불법원인급여에 해당한다고 볼 수 없다.
㉢ X부동산의 소유자가 丙이고 계약명의신탁이라면, 丙이 그 약정을 알았더라도 丙으로부터 소유권이전등기를 마친 乙은 유효하게 소유권을 취득한다.

① ㉠ ② ㉡ ③ ㉢
④ ㉠, ㉡ ⑤ ㉠, ㉡, ㉢

정답 ④
해설 ㉢ (×) 계약명의신탁에서 매도인이 악의라면 매도인(丙)이 소유권자이다.

06 **甲이 乙로부터 乙 소유의 X주택을 2020. 1. 매수하면서 그 소유권이전등기는 자신의 친구인 丙에게로 해 줄 것을 요구하였다**(이에 대한 丙의 동의가 있었음). **乙로부터 X주택의 소유권이전등기를 받은 丙은 甲의 허락을 얻지 않고 X주택을 丁에게 임대하였고, 丁은 X주택을 인도받은 후 주민등록을 이전하였다. 그런데 丁은 임대차계약 체결 당시에 甲의 허락이 없었음을 알고 있었다. 이에 대하여 개업공인중개사가 丁에게 설명한 내용으로 틀린 것은?** (다툼이 있으면 판례에 따름) 제35회

① 丙은 X주택의 소유권을 취득할 수 없다.
② 乙은 丙을 상대로 진정명의 회복을 위한 소유권이전등기를 청구할 수 있다.
③ 甲은 乙과의 매매계약을 기초로 乙에게 X주택의 소유권이전등기를 청구할 수 있다.
④ 丁은 甲 또는 乙에 대하여 임차권을 주장할 수 있다.
⑤ 丙은 丁을 상대로 임대차계약의 무효를 주장할 수 없지만, 甲은 그 계약의 무효를 주장할 수 있다.

정답 ⑤
해설 제3자 丁은 선·악 불문하고 보호된다. 따라서 甲도 그 계약(임대차계약)의 무효를 주장할 수 없다.

06 주택임대차보호법

01 **甲 소유의 X주택에 대하여 임차인 乙이 주택의 인도를 받고 2019. 6. 3. 10:00에 확정일자를 받으면서 주민등록을 마쳤다. 그런데 甲의 채권자 丙이 같은 날 16:00에, 다른 채권자 丁은 다음날 16:00에 X주택에 대해 근저당권설정등기를 마쳤다. 임차인 乙에게 개업공인중개사가 설명한 내용으로 옳은 것은?** (다툼이 있으면 판례에 따름) 제30회

① 丁이 근저당권을 실행하여 X주택이 경매로 매각된 경우, 乙은 매수인에 대하여 임차권으로 대항할 수 있다.

② 丙 또는 丁 누구든 근저당권을 실행하여 X주택이 경매로 매각된 경우, 매각으로 인하여 乙의 임차권은 소멸한다.

③ 乙은 X주택의 경매 시 경매법원에 배당요구를 하면 丙과 丁보다 우선하여 보증금 전액을 배당받을 수 있다.

④ X주택이 경매로 매각된 후 乙이 우선변제권 행사로 보증금을 반환받기 위해서는 X주택을 먼저 법원에 인도하여야 한다.

⑤ X주택에 대해 乙이 집행권원을 얻어 강제경매를 신청하였더라도 우선변제권을 인정받기 위해서는 배당요구의 종기까지 별도로 배당요구를 하여야 한다.

정답 ②

해설 ① **최선순위 근저당권보다 후순위인 임차인은** 매수인에 대하여 임차권으로 대항할 수 없다.
③ **우선변제권은 후순위보다 먼저 배당을 받는 것이다.** 따라서 선순위(丙)보다 먼저 받을 수는 없다.
④ 주택을 **양수인(매수인)**에 인도하여야 한다.
⑤ 강제경매를 신청한 임차인은 배당요구가 불필요하다.

02 **개업공인중개사가 소유자 甲으로부터 X주택을 임차한 「주택임대차보호법」상 임차인 乙에게 임차권등기명령과 그에 따른 임차권등기에 대하여 설명한 내용으로 옳은 것을 모두 고른 것은?** (다툼이 있으면 판례에 따름) 제35회

㉠ 법원의 임차권등기명령이 甲에게 송달되어야 임차권등기명령을 집행할 수 있다.
㉡ 乙이 임차권등기를 한 이후에 甲으로부터 X주택을 임차한 임차인은 최우선변제권을 가지지 못한다.
㉢ 乙이 임차권등기를 한 이후 대항요건을 상실하더라도, 乙은 이미 취득한 대항력이나 우선변제권을 잃지 않는다.
㉣ 乙이 임차권등기를 한 이후에는 이행지체에 빠진 甲의 보증금반환의무가 乙의 임차권등기 말소의무보다 먼저 이행되어야 한다.

① ㉡, ㉢ ② ㉠, ㉡, ㉣ ③ ㉠, ㉢, ㉣
④ ㉡, ㉢, ㉣ ⑤ ㉠, ㉡, ㉢, ㉣

정답 ④

해설 ㉠ (×) 법원의 임차권등기명령이 임대인에게 송달되기 전에 임차권등기명령을 집행할 수 있다.
㉡ (○) 임차권등기명령에 의해 임차권등기를 한 이후에 해당 주택을 임차한 임차인은 최우선변제권이 인정되지 않는다.
㉢ (○) 임차권등기를 한 이후 대항요건을 상실하더라도, 이미 취득한 대항력이나 우선변제권은 유지된다.
㉣ (○) 임대인이 보증금을 제때 돌려주지 못해서 이렇게 된 것이므로 임대인의 보증금반환의무가 임차인의 임차권등기 말소의무보다 먼저 이행되어야 한다.

03 **개업공인중개사 甲의 중개로 乙과 丙은 丙 소유의 주택에 관하여 임대차계약**(이하 '계약'이라 함)**을 체결하려 한다. 「주택임대차보호법」의 적용에 관한 甲의 설명으로 틀린 것은?** (단, 임차인 乙은 자연인임) 제32회

① 乙과 丙이 임대차기간을 2년 미만으로 정한다면 乙은 그 임대차기간이 유효함을 주장할 수 없다.

② 계약이 묵시적으로 갱신되면 임대차의 존속기간은 2년으로 본다.

③ 계약이 묵시적으로 갱신되면 乙은 언제든지 丙에게 계약해지를 통지할 수 있고, 丙이 그 통지를 받은 날부터 3개월이 지나면 해지의 효력이 발생한다.

④ 乙이 丙에게 계약갱신요구권을 행사하여 계약이 갱신되면, 갱신되는 임대차의 존속기간은 2년으로 본다.

⑤ 乙이 丙에게 계약갱신요구권을 행사하여 계약이 갱신된 경우 乙은 언제든지 丙에게 계약해지를 통지할 수 있다.

정답 ①

해설 임차인(乙)은 2년 미만으로 정한 기간의 유효함을 주장할 수 있다. 그러나 임대인은 반드시 2년이다.

04 **개업공인중개사가 중개의뢰인에게 「주택임대차보호법」의 내용에 관하여 설명한 것으로 틀린 것은?** (단, 임차인은 자연인임) 제33회

① 「주택임대차보호법」은 주거용 건물의 임대차에 적용되며, 그 임차주택의 일부가 주거 외의 목적으로 사용되는 경우에도 적용된다.

② 임차인의 계약갱신요구권의 행사를 통해 갱신되는 임대차의 존속기간은 2년으로 본다.

③ 임차인은 임차주택에 대한 경매신청의 등기 전에 대항요건을 갖추지 않은 경우에도 보증금 중 일정액에 대해서는 다른 담보물권자보다 우선하여 변제받을 권리가 있다.

④ 임차인이 대항력을 갖춘 경우 임차주택의 양수인은 임대인의 지위를 승계한 것으로 본다.

⑤ 임차권등기명령의 집행에 따른 임차권등기를 마친 임차인은 이후 대항요건을 상실하더라도 이미 취득한 대항력 또는 우선변제권을 상실하지 아니한다.

정답 ③

해설 최우선변제권(보증금 중 일정액에 대한 우선변제)은 **경매신청의 등기 전에 대항요건을 갖춰야 한다.**

05 **개업공인중개사가 「주택임대차보호법」의 적용에 관하여 설명한 내용으로 틀린 것을 모두 고른 것은?** (다툼이 있으면 판례에 따름) 제34회

㉠ 주택의 미등기 전세계약에 관하여는 「주택임대차보호법」을 준용한다.
㉡ 주거용 건물에 해당하는지 여부는 임대차목적물의 공부상의 표시만을 기준으로 정하여야 한다.
㉢ 임차권등기 없이 우선변제청구권이 인정되는 소액임차인의 소액보증금 반환채권은 배당요구가 필요한 배당요구채권에 해당하지 않는다.

① ㉠ ② ㉡ ③ ㉠, ㉢
④ ㉡, ㉢ ⑤ ㉠, ㉡, ㉢

정답 ④

해설 ㉡ (×) 공부상 표시로 판단하는 것이 아니라 **사실상 용도로 판단**한다.
㉢ (×) 통상적인 우선변제권과 최우선변제권은 배당요구채권이다. 그러나 **임차권등기명령에 의해서 임차권등기를 경료한 임차인과 강제경매를 신청한 임차인은 배당요구가 불필요하다.**

06 **甲의 저당권이 설정되어 있는 乙 소유의 주택을 丙이 임차하려고 한다. 개업공인중개사가 중개의뢰인 丙에게 임대차계약 체결 후 발생할 수 있는 상황에 관하여 설명한 내용으로 옳은 것은?** (다툼이 있으면 판례에 따름) 제35회

① 丙이 X주택을 인도받고 그 주소로 동거하는 자녀의 주민등록을 이전하면 대항력이 인정되지 않는다.

② 丙이 부동산임대차등기를 한 때에도 X주택을 인도받고 주민등록의 이전을 하지 않으면 대항력이 인정되지 않는다.

③ 乙이 보증금반환채권을 담보하기 위하여 丙에게 전세권을 설정해 준 경우, 乙은 丙의 전세권을 양수한 선의의 제3자에게 연체차임의 공제 주장으로 대항할 수 있다.

④ 丙이 「주택임대차보호법」상 최우선변제권이 인정되는 소액임차인인 때에도 甲의 저당권이 실행되면 丙의 임차권은 소멸한다.

⑤ 丙이 임대차계약을 체결한 후 丁이 X주택에 저당권을 설정받았는데, 丁이 채권을 변제받지 못하자 X주택을 경매한 경우 甲의 저당권과 丙의 임차권은 매각으로 소멸하지 않는다.

정답 ④

해설 ① 배우자·자녀 등 가족 명의의 주민등록도 포함되므로 대항력이 인정된다.
② 부동산임대차등기를 하면 주민등록을 이전하지 않아도 등기한 때 대항력이 발생한다.
③ 전세권을 양수한 선의의 제3자에게 연체차임의 공제 주장으로 대항할 수 없다.
⑤ 후순위 저당권자가 경매를 신청했더라도 최선순위 저당권이 말소기준권리이므로 甲의 저당권과 丙의 임차권은 매각으로 소멸한다.

07 **개업공인중개사가 중개의뢰인에게 「주택임대차보호법」상 계약갱신요구권에 관하여 설명한 것으로 옳은 것은?** 제35회

① 임차인은 최초의 임대차기간을 포함한 전체 임대차기간이 10년을 초과하지 아니하는 범위에서 계약갱신요구권을 행사할 수 있다.

② 임차인뿐만 아니라 임대인도 계약갱신요구권을 행사할 수 있다.

③ 임차인이 계약갱신요구권을 행사하여 임대차계약이 갱신된 경우 임차인은 언제든지 임대인에게 계약해지를 통지할 수 있다.

④ 임차인이 계약갱신요구권을 행사하여 임대차계약이 갱신된 경우 임대인은 차임을 증액할 수 없다.

⑤ 임차인이 계약갱신요구권을 행사하려는 경우 계약기간이 끝난 후 즉시 이를 행사하여야 한다.

정답 ③

해설 ① 1회에 한하여 계약갱신요구권을 행사할 수 있다.

② 임차인만 계약갱신요구권을 행사할 수 있다.

④ 임차인이 계약갱신요구권을 행사하여 임대차계약이 갱신된 경우 임대인은 5%까지 차임을 증액할 수 있다.

⑤ 임차인이 계약갱신요구권을 행사하려는 경우 임대차기간 끝나기 6개월 전부터 2개월 전까지 이를 행사하여야 한다.

07 상가건물 임대차보호법

01 **개업공인중개사 甲의 중개로 乙은 丙 소유의 서울특별시 소재 X상가건물에 대하여 보증금 10억원에 1년 기간으로 丙과 임대차계약을 체결하였다. 乙은 X건물을 인도받아 2020. 3. 10. 사업자등록을 신청하였으며 2020. 3. 13. 임대차계약서상의 확정일자를 받았다. 이 사례에서 상가건물 임대차보호법령의 적용에 관한 甲의 설명으로 틀린 것은?** 제31회

① 乙은 2020. 3. 11. 대항력을 취득한다.

② 乙은 2020. 3. 13. 보증금에 대한 우선변제권을 취득한다.

③ 丙은 乙이 임대차기간 만료되기 6개월 전부터 1개월 전까지 사이에 계약갱신을 요구할 경우, 정당한 사유 없이 거절하지 못한다.

④ 乙의 계약갱신요구권은 최초의 임대차기간을 포함한 전체 임대차기간이 10년을 초과하지 아니하는 범위에서만 행사할 수 있다.

⑤ 乙의 계약갱신요구권에 의하여 갱신되는 임대차는 전 임대차와 동일한 조건으로 다시 계약된 것으로 본다.

정답 ②

해설 서울에서 환산보증금이 9억원 초과인 경우 확정일자에 의한 우선변제권은 적용되지 않는다(**적용되는 것은 대권3표계갱해**).

02 **甲과 乙은 2017. 1. 25. 서울특별시 소재 甲 소유 X상가건물에 대하여 보증금 5억원, 월차임 500만원으로 하는 임대차계약을 체결한 후, 乙은 X건물을 인도받고 사업자등록을 신청하였다. 이 사안에서 개업공인중개사가 「상가건물 임대차보호법」의 적용과 관련하여 설명한 내용으로 <u>틀린</u> 것을 모두 고른 것은?** (일시사용을 위한 임대차계약은 고려하지 않음) 제28회

㉠ 甲과 乙이 계약기간을 정하지 않은 경우 그 기간을 1년으로 본다.
㉡ 甲으로부터 X건물을 양수한 丙은 甲의 지위를 승계한 것으로 본다.
㉢ 乙의 차임연체액이 2기의 차임액에 달하는 경우 甲은 임대차계약을 해지할 수 있다.
㉣ 乙은 사업자등록 신청 후 X건물에 대하여 저당권을 취득한 丁보다 경매절차에서 우선하여 보증금을 변제받을 권리가 있다.

① ㉢ ② ㉠, ㉣ ③ ㉡, ㉢
④ ㉠, ㉢, ㉣ ⑤ ㉡, ㉢, ㉣

정답 ④

해설 ㉠ (×) 서울에서 환산보증금이 9억원을 초과하는 경우 최단존속기간은 적용되지 않는다.
㉡ (○) 서울에서 환산보증금이 9억원을 초과하는 경우 **<u>대항력 규정(양수인이 임대인의 지위를 승계한 것으로 본다)</u>**은 적용된다.
㉢ (×) 서울에서 환산보증금이 9억원을 초과하는 경우 **<u>3기</u>**의 차임액에 달하는 경우 甲은 임대차계약을 해지할 수 있다.
㉣ (×) 서울에서 환산보증금이 9억원을 초과하는 경우 경매에서 후순위보다 우선하여 받는 우선변제권이므로 적용되지 않는다.

03 **개업공인중개사가 선순위 저당권이 설정되어 있는 서울시 소재 상가건물(상가건물 임대차보호법이 적용됨)에 대해 임대차기간 2018. 10. 1.부터 1년, 보증금 5천만원, 월차임 100만원으로 임대차를 중개하면서 임대인 甲과 임차인 乙에게 설명한 내용으로 옳은 것은?** 제30회

① 乙의 연체 차임액이 200만원에 이르는 경우 甲은 계약을 해지할 수 있다.
② 차임 또는 보증금의 감액이 있은 후 1년 이내에는 다시 감액을 하지 못한다.
③ 甲이 2019. 4. 1.부터 2019. 8. 31. 사이에 乙에게 갱신거절 또는 조건 변경의 통지를 하지 않은 경우, 2019. 10. 1. 임대차계약이 해지된 것으로 본다.
④ 상가건물에 대한 경매개시결정등기 전에 乙이 건물의 인도와 부가가치세법에 따른 사업자등록을 신청한 때에는, 보증금 5천만원을 선순위 저당권자보다 우선변제 받을 수 있다.
⑤ 乙이 임대차의 등기 및 사업자등록을 마치지 못한 상태에서 2019. 1. 5. 甲이 상가건물을 丙에게 매도한 경우, 丙의 상가건물 인도청구에 대하여 乙은 대항할 수 없다.

정답 ⑤

해설 ① 연체 차임액이 **3기의 차임액(300만원)**에 이르는 경우 계약을 해지할 수 있다.
② 감액청구는 제한이 없다.
③ 묵시적 갱신이 된다.
④ 환산보증금이 1억 5천만원(6천 5백만원 초과)이므로 최우선변제권은 인정되지 않는다.

04 **개업공인중개사가 중개의뢰인에게 「상가건물 임대차보호법」의 내용에 관하여 설명한 것으로 옳은 것을 모두 고른 것은?** 제33회

㉠ 대통령령으로 정하는 보증금액을 초과하는 임대차인 경우에도 「상가건물 임대차보호법」상 권리금에 관한 규정이 적용된다.
㉡ 임차인이 2기의 차임액에 해당하는 금액에 이르도록 차임을 연체한 사실이 있는 경우, 임대인은 임차인의 계약갱신요구를 거절할 수 있다.
㉢ 임대인의 동의를 받고 전대차계약을 체결한 전차인은 임차인의 계약갱신요구권 행사기간 이내에 임차인을 대위하여 임대인에게 계약갱신요구권을 행사할 수 있다.

① ㉠　② ㉡　③ ㉠, ㉢
④ ㉡, ㉢　⑤ ㉠, ㉡, ㉢

정답 ③

해설 ㉡ (×) 임차인이 **3기**의 차임액에 해당하는 금액에 이르도록 차임을 연체한 사실이 있는 경우, 임대인은 임차인의 계약갱신요구를 거절할 수 있다.

05 **개업공인중개사가 상가건물을 임차하려는 중개의뢰인 甲에게 「상가건물 임대차보호법」의 내용에 관하여 설명한 것으로 틀린 것은?** 제35회

① 甲이 건물을 인도 받고 「부가가치세법」에 따른 사업자 등록을 신청하면 그 다음 날부터 대항력이 생긴다.

② 확정일자는 건물의 소재지 관할 세무서장이 부여한다.

③ 임대차계약을 체결하려는 甲은 임대인의 동의를 받아 관할 세무서장에게 건물의 확정일자 부여일 등 관련 정보의 제공을 요청할 수 있다.

④ 甲이 거짓이나 그 밖의 부정한 방법으로 임차한 경우 임대인은 甲의 계약갱신요구를 거절할 수 있다.

⑤ 건물의 경매 시 甲은 환가대금에서 우선변제권에 따른 보증금을 지급받은 이후에 건물을 양수인에게 인도하면 된다.

정답 ⑤

해설 임차인은 건물을 양수인에게 인도하지 않으면 우선변제권의 행사에 따른 보증금을 받을 수 없다.

06 **개업공인중개사가 중개의뢰인에게 상가건물 임대차계약에 관하여 설명한 내용으로 틀린 것은?** 제29회

① 임차인은 임차권등기명령의 신청과 관련하여 든 비용을 임대인에게 청구할 수 없다.
② 임대차계약의 당사자가 아닌 이해관계인은 관할 세무서장에게 임대인·임차인의 인적사항이 기재된 서면의 열람을 요청할 수 없다.
③ 임대인의 동의를 받고 전대차계약을 체결한 전차인은 임차인의 계약갱신요구권 행사기간 이내에 임차인을 대위하여 임대인에게 계약갱신요구권을 행사할 수 있다.
④ 임대차는 그 등기가 없는 경우에도 임차인이 건물의 인도와 법령에 따른 사업자등록을 신청하면 그 다음 날부터 제3자에 대하여 효력이 생긴다.
⑤ 차임이 경제사정의 침체로 상당하지 않게 된 경우 당사자는 장래의 차임 감액을 청구할 수 있다.

정답 ①
해설 임차인은 임차권등기명령의 신청과 관련하여 든 비용을 임대인에게 청구할 수 있다.

08 집합건물법

01 개업공인중개사가 집합건물의 매매를 중개하면서 설명한 내용으로 틀린 것은? (다툼이 있으면 판례에 따름) 제32회

① 아파트 지하실은 특별한 사정이 없는 한 구분소유자 전원의 공용부분으로, 따로 구분소유의 목적이 될 수 없다.
② 전유부분이 주거 용도로 분양된 경우, 구분소유자는 정당한 사유 없이 그 부분을 주거 외의 용도로 사용해서는 안 된다.
③ 구분소유자는 구조상 구분소유자 전원의 공용에 제공된 건물 부분에 대한 공유지분을 그가 가지는 전유부분과 분리하여 처분할 수 없다.
④ 규약으로써 달리 정한 경우에도 구분소유자는 그가 가지는 전유부분과 분리하여 대지사용권을 처분할 수 없다.
⑤ 일부의 구분소유자만이 공용하도록 제공되는 것임이 명백한 공용부분은 그들 구분소유자의 공유에 속한다.

정답 ④
해설 규약으로써 달리 정한 경우에는 구분소유자는 그가 가지는 전유부분과 분리하여 대지사용권을 처분할 수 있다.

02 개업공인중개사가 아파트를 매수하려는 의뢰인에게 「집합건물의 소유 및 관리에 관한 법률」의 내용에 관하여 설명한 것으로 옳은 것은? 제33회

① 전유부분이 속하는 1동의 건물의 설치 또는 보존의 흠으로 인하여 다른 자에게 손해를 입힌 경우, 그 흠은 공용부분에 존재하는 것으로 추정한다.
② 구분소유자는 그 전유부분을 개량하기 위하여 필요한 범위에서 다른 구분소유자의 전유부분의 사용을 청구할 수 없다.
③ 공용부분의 공유자가 공용부분에 관하여 다른 공유자에 대하여 가지는 채권은 그 특별승계인에 대하여 행사할 수 없다.
④ 대지 위에 구분소유권의 목적인 건물이 속하는 1동의 건물이 있을 때에는 그 대지의 공유자는 그 건물 사용에 필요한 범위의 대지에 대하여 분할을 청구할 수 있다.
⑤ 공용부분에 대한 공유자의 지분은 그가 가지는 전유부분의 처분에 따르지 않는다.

정답 ①

해설 ② 구분소유자는 그 전유부분을 개량하기 위하여 필요한 범위에서 다른 구분소유자의 전유부분의 사용을 청구할 수 있다.
③ 공용부분의 공유자가 공용부분에 관하여 다른 공유자에 대하여 가지는 채권은 그 특별승계인에 대하여도 행사할 수 있다.
④ 대지 위에 구분소유권의 목적인 건물이 속하는 1동의 건물이 있을 때에는 그 대지의 공유자는 그 건물 사용에 필요한 범위의 대지에 대하여 분할을 청구하지 못한다.
⑤ 공용부분에 대한 공유자의 지분은 그가 가지는 전유부분의 처분에 따른다.

03 개업공인중개사가 집합건물을 매수하려는 의뢰인에게 「집합건물의 소유 및 관리에 관한 법률」에 관하여 설명한 것으로 <u>틀린</u> 것은? (다툼이 있으면 판례에 따름)

제34회

① 전유부분이란 구분소유권의 목적인 건물부분을 말한다.
② 소유자가 기존 건물에 증축을 하고 기존 건물에 마쳐진 등기를 증축한 건물의 현황과 맞추어 1동의 건물로서 증축으로 인한 건물표시변경등기를 마친 경우, 그 증축부분에 대해서는 구분소유권이 성립하지 않는다.
③ 구분소유자는 건물의 관리 및 사용에 관하여 구분소유자가 공동의 이익에 어긋나는 행위를 하여서는 아니 된다.
④ 일부의 구분소유자만이 공용하도록 제공되는 것임이 명백한 공용부분은 그들 구분소유자의 공유에 속한다.
⑤ 일부공용부분의 관리에 관한 사항 중 구분소유자 전원에게 이해관계가 있는 사항은 그것을 공용하는 구분소유자만의 집회결의로써 결정한다.

정답 ⑤

해설 일부공용부분의 관리에 관한 사항 중 구분소유자 전원에게 이해관계가 있는 사항은 구분소유자 전원의 집회결의로써 결정한다.

04 **개업공인중개사가 구분소유권의 목적인 건물을 매수하려는 중개의뢰인에게 「집합건물의 소유 및 관리에 관한 법률」에 관하여 설명한 내용으로 옳은 것은?** 제35회

① 일부의 구분소유자만이 공용하도록 제공되는 것임이 명백한 공용부분도 구분소유자 전원의 공유에 속한다.

② 대지의 공유자는 그 대지에 구분소유권의 목적인 1동의 건물이 있을 때에도 그 건물 사용에 필요한 범위의 대지에 대해 분할을 청구할 수 있다.

③ 구분소유자는 공용부분을 개량하기 위해서 필요한 범위에서 다른 구분소유자의 전유부분의 사용을 청구할 수 있다.

④ 전유부분이 속하는 1동의 건물의 설치 또는 보존의 흠으로 인하여 다른 자에게 손해를 입힌 경우에는 그 흠은 전유부분에 존재하는 것으로 추정한다.

⑤ 대지사용권이 없는 구분소유자는 대지사용권자에게 대지사용권을 시가(時價)로 매도할 것을 청구할 수 있다.

정답 ③

해설 ① 공용부분은 구분소유자 전원의 공유에 속한다. 다만, 일부의 구분소유자만이 공용하도록 제공되는 것임이 명백한 공용부분은 그들 구분소유자의 공유에 속한다(「집합건물의 소유 및 관리에 관한 법률」 제10조 제1항).

② 대지 위에 구분소유권의 목적인 건물이 속하는 1동의 건물이 있을 때에는 그 대지의 공유자는 그 건물 사용에 필요한 범위의 대지에 대하여는 분할을 청구하지 못한다(「집합건물의 소유 및 관리에 관한 법률」 제8조)

④ 전유부분이 속하는 1동의 건물의 설치 또는 보존의 흠으로 인하여 다른 자에게 손해를 입힌 경우에는 그 흠은 공용부분에 존재하는 것으로 추정한다(「집합건물의 소유 및 관리에 관한 법률」 제6조).

⑤ 대지사용권을 가지지 아니한 구분소유자가 있을 때에는 그 전유부분의 철거를 청구할 권리를 가진 자는 그 구분소유자에 대하여 구분소유권을 시가(時價)로 매도할 것을 청구할 수 있다(「집합건물의 소유 및 관리에 관한 법률」 제7조). 즉, 구분소유자가 행사하는 권리가 아니라 대지에 대한 권리를 가지는 자가 구분소유자에게 행사하는 권리이다.

09 경 매

01 **개업공인중개사가 중개의뢰인에게 「민사집행법」에 따른 부동산경매에 관하여 설명한 내용으로 옳은 것을 모두 고른 것은?** 제29회

㉠ 차순위매수신고는 그 신고액이 최고가매수신고액에서 그 보증액을 뺀 금액을 넘지 않는 때에만 할 수 있다.
㉡ 매각허가결정이 확정되어 대금지급기한의 통지를 받으면 매수인은 그 기한까지 매각대금을 지급해야 한다.
㉢ 매수인은 매각대금을 다 낸 후 소유권이전등기를 촉탁한 때 매각의 목적인 권리를 취득한다.
㉣ 매각부동산의 후순위 저당권자가 경매신청을 하여 매각되어도 선순위 저당권은 매각으로 소멸되지 않는다.

① ㉠ ② ㉡ ③ ㉠, ㉢
④ ㉡, ㉣ ⑤ ㉢, ㉣

정답 ②

해설 ㉠ (×) 차순위매수신고는 그 신고액이 최고가매수신고액에서 그 보증액을 뺀 금액을 **넘을 때에만** 할 수 있다.
㉢ (×) 매수인은 **매각대금을 다 낸 때** 매각의 목적인 권리를 취득한다.
㉣ (×) 매각부동산의 모든 저당권은 매각으로 소멸한다.

02 **법원은 X부동산에 대하여 담보권 실행을 위한 경매 절차를 개시하는 결정을 내렸고, 최저매각가격을 1억원으로 정하였다. 기일입찰로 진행되는 이 경매에서 매수신청을 하고자 하는 중개의뢰인 甲에게 개업공인중개사가 설명한 내용으로 옳은 것은?** 제30회

① 甲이 1억 2천만원에 매수신청을 하려는 경우, 법원에서 달리 정함이 없으면 1천 2백만원을 보증금액으로 제공하여야 한다.

② 최고가매수신고를 한 사람이 2명인 때에는 법원은 그 2명뿐만 아니라 모든 사람에게 다시 입찰하게 하여야 한다.

③ 甲이 다른 사람과 동일한 금액으로 최고가매수신고를 하여 다시 입찰하는 경우, 전의 입찰가격에 못 미치는 가격으로 입찰하여 매수할 수 있다.

④ 1억 5천만원의 최고가매수신고인이 있는 경우, 법원에서 보증금액을 달리 정하지 않았다면 甲이 차순위매수신고를 하기 위해서는 신고액이 1억 4천만원을 넘어야 한다.

⑤ 甲이 차순위매수신고인인 경우 매각기일이 종결되면 즉시 매수신청의 보증을 돌려줄 것을 신청할 수 있다.

정답 ④

해설 ① 매수신청의 보증금은 최저매각가격(1억원)의 10분의 1 ⇨ 1천만원

② 최고가매수신고를 한 사람이 2명인 때에는 법원은 그 2명만 다시 입찰하게 하여야 한다.

③ 1억 5천만원의 최고가매수신고인이 2명 있을 경우, 그 2명은 다시 입찰할 때 1억 5천만원보다 적은 금액으로 입찰할 수 없다.

⑤ 차순위매수신고인은 최고가매수신고인이 매각대금을 완납한 때에 매수신청의 보증을 돌려줄 것을 신청할 수 있다.

03 **매수신청대리인으로 등록한 개업공인중개사가 매수신청대리 위임인에게 민사집행법에 따른 부동산경매에 관하여 설명한 내용으로 틀린 것은?** 제32회

① 매수인은 매각대상 부동산에 경매개시결정의 기입등기가 마쳐진 후 유치권을 취득한 자에게 그 유치권으로 담보하는 채권을 변제할 책임이 있다.

② 차순위매수신고는 그 신고액이 최고가매수신고액에서 그 보증액을 뺀 금액을 넘는 때에만 할 수 있다.

③ 매수인은 매각대금을 다 낸 때에 매각의 목적인 권리를 취득한다.

④ 재매각절차에서는 전(前)의 매수인은 매수신청을 할 수 없으며 매수신청의 보증을 돌려 줄 것을 요구하지 못한다.

⑤ 후순위 저당권자가 경매신청을 하였더라도 매각부동산 위의 모든 저당권은 매각으로 소멸된다.

정답 ①

해설 경매가 개시된 후 성립된 유치권은 인수되지 않는다. 따라서 매수인은 유치권으로 담보되는 채권을 변제할 책임이 없다.

04 **매수신청대리인으로 등록한 개업공인중개사가 매수신청대리 위임인에게 「민사집행법」의 내용에 관하여 설명한 것으로 틀린 것은?** (다툼이 있으면 판례에 따름) 제33회

① 후순위 저당권자가 경매신청을 하면 매각부동산 위의 모든 저당권은 매각으로 소멸된다.

② 전세권 및 등기된 임차권은 저당권·압류채권·가압류채권에 대항할 수 없는 경우에는 매각으로 소멸된다.

③ 유치권자는 유치권이 성립된 목적물을 경매로 매수한 자에 대하여 그 피담보채권의 변제를 청구할 수 있다.

④ 최선순위 전세권은 그 전세권자가 배당요구를 하면 매각으로 소멸된다.

⑤ 매수인은 매각대금을 다 낸 때에 매각의 목적인 권리를 취득한다.

정답 ③

해설 유치권자는 적극적으로 채권의 변제를 청구할 수 없고, 피담보채권의 변제가 있을 때까지 목적물의 인도를 거절할 수 있다(**유치권자 입장**). 그러나 매수인은 유치권으로 담보되는 채권을 변제할 책임이 있다(**매수인 입장**).

05 **매수신청대리인으로 등록한 개업공인중개사가 X부동산에 대한 「민사집행법」상 경매절차에서 매수신청대리의 위임인에게 설명한 내용으로 틀린 것은?** (다툼이 있으면 판례에 따름) 제34회

① 최선순위의 전세권자는 배당요구 없이도 우선변제를 받을 수 있으며, 이때 전세권은 매각으로 소멸한다.
② X부동산에 대한 경매개시결정의 기입등기 전에 유치권을 취득한 자는 경매절차의 매수인에게 자기의 유치권으로 대항할 수 있다.
③ 최선순위의 지상권은 경매절차의 매수인이 인수한다.
④ 후순위 저당권자의 신청에 의한 경매라 하여도 선순위 저당권자의 저당권은 매각으로 소멸한다.
⑤ 집행법원은 배당요구의 종기를 첫 매각기일 이전으로 정한다.

정답 ①
해설 최선순위의 전세권은 인수가 원칙이며, 배당요구를 한 경우에 매각으로 소멸한다.

06 **개업공인중개사가 「민사집행법」에 따른 강제경매에 관하여 중개의뢰인에게 설명한 내용으로 틀린 것은?** 제35회

① 법원이 경매절차를 개시하는 결정을 할 때에는 동시에 그 부동산의 압류를 명하여야 한다.
② 압류는 부동산에 대한 채무자 관리·이용에 영향을 미치지 아니한다.
③ 제3자는 권리를 취득할 때에 경매신청 또는 압류가 있다는 것을 알았을 경우에도 압류에 대항할 수 있다.
④ 경매개시결정이 등기된 뒤에 가압류를 한 채권자는 배당요구를 할 수 있다.
⑤ 이해관계인은 매각대금이 모두 지급될 때까지 법원에 경매개시결정에 대한 이의신청을 할 수 있다.

정답 ③
해설 제3자는 권리를 취득할 때에 경매신청 또는 압류가 있다는 것을 알았을 경우에는 압류에 대항할 수 없다.

10 매수신청대리인 등록

01 공인중개사의 「매수신청대리인 등록 등에 관한 규칙」에 따라 甲은 매수신청대리인으로 등록하였다. 이에 관한 설명으로 틀린 것은? 제31회

① 甲이 매수신청대리의 위임을 받은 경우 「민사집행법」의 규정에 따라 차순위 매수신고를 할 수 있다.
② 甲은 매수신청대리권의 범위에 해당하는 대리행위를 할 때 매각장소 또는 집행법원에 직접 출석해야 한다.
③ 매수신청대리 보수의 지급시기는 甲과 매수신청인의 약정이 없을 때에는 매각대금의 지급기한일로 한다.
④ 甲이 중개사무소를 이전한 경우 그 날부터 10일 이내에 관할 지방법원장에게 그 사실을 신고하여야 한다.
⑤ 甲이 매수신청대리 업무의 정지처분을 받을 수 있는 기간은 1개월 이상 6개월 이하이다.

정답 ⑤
해설 매수신청대리 업무의 정지처분을 받을 수 있는 기간은 1개월 이상 **2년** 이하이다.

02 매수신청대리인으로 등록한 개업공인중개사 甲이 매수신청대리 위임인 乙에게 공인중개사의 「매수신청대리인 등록 등에 관한 규칙」에 관하여 설명한 내용으로 틀린 것은? (단, 위임에 관하여 특별한 정함이 없음) 제32회

① 甲의 매수신고액이 차순위이고 최고가매수신고액에서 그 보증액을 뺀 금액을 넘는 때에만 甲은 차순위매수신고를 할 수 있다.
② 甲은 乙을 대리하여 입찰표를 작성・제출할 수 있다.
③ 甲의 입찰로 乙이 최고가매수신고인이나 차순위매수신고인이 되지 않은 경우, 甲은 「민사집행법」에 따라 매수신청의 보증을 돌려줄 것을 신청할 수 있다.
④ 乙의 甲에 대한 보수의 지급시기는 당사자 간 약정이 없으면 매각허가결정일로 한다.
⑤ 甲은 기일입찰의 방법에 의한 매각기일에 매수신청 대리행위를 할 때 집행법원이 정한 매각장소 또는 집행법원에 직접 출석해야 한다.

정답 ④

해설 매수신청대리의 보수의 지급시기는 당사자 간 약정이 없으면 **매각대금의 지급기한일**로 한다.

03 **개업공인중개사 甲은 「공인중개사의 매수신청대리인 등록 등에 관한 규칙」에 따라 매수신청대리인으로 등록하였다. 이에 관한 설명으로 옳은 것을 모두 고른 것은?**

제33회

㉠ 甲은 「공장 및 광업재단 저당법」에 따른 광업재단에 대한 매수신청대리를 할 수 있다.
㉡ 甲의 중개사무소 개설등록이 취소된 경우 시·도지사는 매수신청대리인 등록을 취소해야 한다.
㉢ 중개사무소 폐업신고로 甲의 매수신청대리인 등록이 취소된 경우 3년이 지나지 아니하면 甲은 다시 매수신청대리인 등록을 할 수 없다.

① ㉠ ② ㉡ ③ ㉠, ㉢
④ ㉡, ㉢ ⑤ ㉠, ㉡, ㉢

정답 ①

해설 ㉡ (×) 甲의 중개사무소 개설등록이 취소된 경우 **지방법원장**은 매수신청대리인 등록을 취소해야 한다.
㉢ (×) 폐업신고를 하여 매수신청대리인 등록이 취소된 경우는 잘못한 것이 아니므로 3년간 결격사유가 아니다.

04 **「공인중개사의 매수신청대리인 등록 등에 관한 규칙」에 따른 개업공인중개사의 매수신청대리에 관한 설명으로 옳은 것은?** (단, 다툼이 있으면 판례에 따름) 제34회

① 미등기건물은 매수신청대리의 대상물이 될 수 없다.
② 공유자의 우선매수신고에 따라 차순위매수신고인으로 보게 되는 경우 그 차순위매수신고인의 지위를 포기하는 행위는 매수신청대리권의 범위에 속하지 않는다.
③ 소속공인중개사도 매수신청대리인으로 등록할 수 있다.
④ 매수신청대리인이 되려면 관할 지방자치단체의 장에게 매수신청대리인 등록을 하여야 한다.
⑤ 개업공인중개사는 매수신청대리행위를 함에 있어서 매각장소 또는 집행법원에 직접 출석하여야 한다.

정답 ⑤

해설 ① 미등기건물은 중개대상물에도 해당하고, 매수신청대리의 대상물에도 해당한다.
② '매수신청', '**매수신고**', '입찰'라는 말이 들어가 있으므로 할 수 있다.
③ 중개사무소 개설등록을 하지 않은 공인중개사, **소속공인중개사**, 부칙상의 개업공인중개사는 매수신청대리인으로 등록할 수 없다.
④ 매수신청대리인이 되려면 관할 지방법원장에게 매수신청대리인 등록을 하여야 한다.

05 **개업공인중개사 甲은 「공인중개사의 매수신청대리인 등록 등에 관한 규칙」에 따라 매수신청대리인으로 등록한 후 乙과 매수신청대리에 관한 위임계약을 체결하였다. 이에 관한 설명으로 옳은 것은?** 제35회

① 甲이 법인이고 분사무소를 1개 둔 경우 매수신청대리에 따른 손해배상책임을 보장하기 위하여 설정해야 하는 보증의 금액은 6억원 이상이다.
② 甲은 매수신청대리 사건카드에 乙에게서 위임받은 사건에 관한 사항을 기재하고 서명・날인 한 후 이를 3년간 보존해야 한다.
③ 甲은 매수신청대리 대상물에 대한 확인・설명 사항을 서면으로 작성하여 사건카드에 철하여 3년간 보존해야 하며 乙에게 교부할 필요는 없다.
④ 등기사항증명서는 甲이 乙에게 제시할 수 있는 매수신청대리 대상물에 대한 설정의 근거자료에 해당하지 않는다.
⑤ 甲이 사무소를 이전한 경우 14일 이내에 乙에게 통지하고 지방법원장에게 그 사실을 신고해야 한다.

정답 ①

해설 ② 사건카드는 3년간 보존해야 한다.
③ 매수신청대리 대상물 확인·설명서 사본을 사건카드에 철하여 5년간 보존해야 하고, 위임인에게 교부해야 한다.
④ 등기사항증명서는 매수신청대리 대상물에 대한 설정의 근거자료에 해당한다.
⑤ 10일 이내에 지방법원장에게 그 사실을 신고해야 한다.

06 「공인중개사의 매수신청대리인 등록 등에 관한 규칙」에 따라 매수신청대리인으로 등록한 甲에 관한 설명으로 <u>틀린</u> 것은? 제29회

① 甲은 공인중개사인 개업공인중개사이거나 법인인 개업공인중개사이다.
② 매수신청대리의 위임을 받은 甲은 민사집행법에 따른 공유자의 우선매수신고를 할 수 있다.
③ 폐업신고를 하여 매수신청대리인 등록이 취소된 후 3년이 지나지 않은 甲은 매수신청대리인 등록을 할 수 없다.
④ 甲의 공인중개사 자격이 취소된 경우 지방법원장은 매수신청대리인 등록을 취소해야 한다.
⑤ 甲은 매수신청대리권의 범위에 해당하는 대리행위를 할 때 매각장소 또는 집행법원에 직접 출석해야 한다.

정답 ③

해설 폐업신고를 하여 매수신청대리인 등록이 취소된 경우는 잘못한 것이 아니므로 3년간 결격사유가 아니다.

제36회 공인중개사 시험대비 **전면개정판**

2025 박문각 공인중개사

송성호 기출문제 2차 공인중개사법·중개실무

초판인쇄 | 2025. 1. 5. **초판발행** | 2025. 1. 10. **편저** | 송성호 편저
발행인 | 박 용 **발행처** | (주)박문각출판 **등록** | 2015년 4월 29일 제2019-000137호
주소 | 06654 서울시 서초구 효령로 283 서경빌딩 4층 **팩스** | (02)584-2927
전화 | 교재 주문 (02)6466-7202, 동영상문의 (02)6466-7201

저자와의 협의하에 인지생략

정가 21,000원
ISBN 979-11-7262-505-4